LE DIEU DU SPORT

GHALEB BENCHEIKH
EMMANUEL FALQUE
MARC-ALAIN OUAKNIN

LE DIEU DU SPORT

Les trois monothéismes

Sous la direction de Benjamin Pichery
Entretiens conduits par François L'Yvonnet

LES ÉDITIONS DU CERF

www.editionsducerf.fr
24, rue des Tanneries
75013 Paris

ISBN : 978-2-204-15670-7

Avant-propos
Benjamin Pichery

Si la philosophie, l'anthropologie, la sociologie, l'histoire sont aujourd'hui très couramment convoquées pour éclairer le fait sportif, la théologie, malgré le statut de *science* que lui a conféré jadis Thomas d'Aquin, semble avoir été jusqu'à présent écartée alors qu'elle est riche de récits et de connaissances inédites sur le corps et les origines du sport.

Rapprocher la théologie du sport pourrait s'apparenter à une performance de haut niveau et si nous filons la métaphore cela ferait des auteurs de cet ouvrage de véritables champions de la pensée. Ainsi – en suivant l'ordre chronologique –, Marc-Alain Ouaknin, pour le judaïsme, Emmanuel Falque, pour le christianisme et Ghaleb Bencheikh, pour l'islam, ont relevé ce défi avec talent en retraçant, aux travers des trois religions abrahamiques, une généalogie des corps.

Alors que le sport constitue l'un des phénomènes les plus marquants du XXe siècle, il n'en reste pas moins un *impensé* à la mesure du consensus planétaire qu'il suscite, dans un extraordinaire « communisme des affects » selon les mots de Paul Virilio. Cultivant ce même esprit politiquement incorrect, ces trois grands entretiens, conduits par le philosophe François L'Yvonnet, réservent au lecteur, outre des analyses particulièrement éclairantes, quelques *révélations* des plus inattendues. On y apprend notamment que le prophète Muhammad enjoint ses fidèles à se *recréer* par le jeu, entre les prières, à tirer à l'arc et à courir à pied. Quid alors de ces *fatwas* contre le football dont on découvre par ailleurs qu'il trouve ses origines, non dans l'Angleterre du milieu du XIXe siècle, mais dans un « match » de ballon initiatique entre Dieu et Moïse. Quant à Paul de Tarse, dit Saint Paul, disciple et apôtre de Jésus, on notera qu'il a su également donner de son corps dans la pratique du marathon. Ceci est mon corps, « Ceci est mon sport ! »

Au-delà d'une histoire des corps martyrs, des corps souffrants, des corps glorieux et autres états de grâce des athlètes en maillots ; au-delà des corps voilés, érotisés, sexués et dénudés et autre burkini, au-delà de Spinoza et de sa phrase décisive : « Nous ne savons pas ce que peut le corps », cet ouvrage interroge aussi notre futur, avec l'*avènement* des courants *trans* et *post* humanistes qui *annoncent* la venue d'un *homme nouveau*, démiurge s'il en est, performant jusqu'à l'inaltérable, en passe de greffer dans son corps des dispositifs machiniques. Le sport est-il à la mesure du prométhéisme moderne ? Une nouvelle transcendance du corps prendrait-elle la place des grands récits ? Les grands mythes visaient à fonder une histoire ; le sport serait-il un nouveau mythe, une réplique du sacré dans un monde laïcisé ? Que deviendront demain les dieux du stade de l'olympisme contemporain ? La compétition constituerait-elle le seul horizon eschatologique de l'Homme ?

Préface
François L'Yvonnet

Il ne s'agit pas ici, par le biais d'une réflexion sur le corps et le sport, de faire dialoguer ensemble les trois religions du Livre. Une entreprise considérable et ambitieuse, maintes fois mise sur le métier, mais dont on ne saurait taire les difficultés et sous-estimer les écueils. Suffit-il, par exemple, d'affirmer que Yahvé, le Verbe johannique, et Allah[1] sont le même Dieu ? Que la généalogie est une ? Que l'unité monothéiste a été scellée par l'apparition de trois hommes mystérieux à Abraham, aux chênes de Mambré ? Que des points de convergence eschatologique peuvent être mis au jour, pour que soient réunies les conditions d'un « dialogue » digne de ce nom ? On se contente trop souvent de baptiser une difficulté sans la résoudre.

Il ne s'agit pas davantage d'exposer, suivant la méthode comparatiste, les différences et les ressemblances, en se demandant en quoi chacune des religions considérées diffère des deux autres. Une affaire de rangement par comparaison. Le comparatisme fige parce qu'il classe, c'est sa faiblesse.

---

1. Bien qu'Allah ne soit que l'appellation de la divinité en langue arabe.

Il nous a paru plus judicieux et plus prudent de mettre en évidence des *écarts*, au sens où l'entend le philosophe et sinologue François Jullien : l'écart ouvre une distance qui met en tension ce qu'il sépare. Repérer des écarts entre des points de vue, en l'occurrence théologico-philosophiques – quelle que soit par ailleurs leur proximité supposée, le lecteur en jugera – c'est ouvrir un espace de réflexivité, à partir duquel ils pourront se réfléchir. La comparaison range, l'écart dérange, dans tous les sens du terme.

Et pareil dérangement est précieux.

Ghaleb Bencheikh, Emmanuel Falque et Marc-Alain Ouaknin ont accepté le principe d'entretiens parallèles et non croisés, ce n'était pas le but de l'exercice. Les « ponts » éventuels entre les réponses sont plutôt les effets des questions posées, qui sont parfois les mêmes – mais dans des contextes différents. Les trois éminents théologiens ont tenu la gageure d'exposer, dans les limites d'un entretien, non seulement ce qu'une tradition religieuse a pu dire de la place et du statut réservés au « corps », en tant que réalité vivante ouverte sur le monde, mais aussi – ce sont alors, si l'on peut dire, du cœur de la Cité, des « intellectuels » qui s'expriment – d'accepter de répondre à des interrogations plus actuelles. Elles sont dictées par l'époque et concernent l'à-venir de l'homme (l'homme « augmenté » ou « dépassé », par exemple, promis par le « trans » ou le « post-humanisme »). Elles engagent la responsabilité du citoyen (confronté à l'emprise planétaire de l'idée de « compétition » : l'obsédant « qui va gagner ? » dont parlait Michel Serres ; à l'argent-roi dans le sport contemporain, jusqu'au corps spectacle), débordant à bien des égards le domaine religieux *stricto sensu*, pour nous placer aux confins de la métaphysique, de la politique et de la bioéthique. Les trois théologiens font surtout part de considérations personnelles, car il ne s'agit pas de recueillir une parole supposée « officielle » – celle de représentants attitrés de telle ou telle confession – en admettant même que l'idée d'une pareille représentation ait un sens.

Il est bon de rappeler que les religions *pensent*, qu'elles ne sont pas seulement un ensemble de dogmes plus ou moins organisés en systèmes, de rites bien réglés, mais qu'elles apportent un éclairage à la fois singulier et irremplaçable sur les problèmes fondamentaux que les hommes se posent, précisément en tant qu'ils sont des hommes et non des dieux. Encore faut-il penser ce que les religions pensent. Nos trois auteurs se sont astreints à un remarquable travail de pédagogie critique. D'abord de quoi parlons-nous ? Et dans quelle langue ? Il faut définir les concepts, se reporter aux textes, faire la part de la lettre et de l'esprit, procéder à des rappels historiques, déjouer les tentations simplificatrices. Ensuite d'où parle-t-on ? Qu'est-ce que cela veut dire que d'être interrogé en tant que juif, chrétien ou musulman ? Quel sens donner à telle ou telle prescription ? À telle ou telle formule ? À telle ou telle image ? Plus généralement, en quoi la théologie, qu'elle soit juive, chrétienne ou musulmane, peut-elle aider à nous orienter dans les débats contemporains. Non pas en offrant des réponses toutes faites, celles que prodiguent les religions « consolatrices », mais en nous invitant à enrichir notre réflexion, à penser plus librement, à privilégier le temps long sur l'immédiateté.

« Risquons l'aventure d'un pas qui rétrocède », disait Heidegger : ces entretiens sont l'occasion de prendre du recul, d'interroger autrement les sources – ou les *ressources* – offertes par le judaïsme, le christianisme et l'islam. Des ressources qu'il nous appartient d'*activer* pour mieux porter notre vue au loin.

Ces entretiens – placés sous un titre un peu « ironique » : *Le Dieu du sport* – nous font *circuler* dans l'écart des cultures, pour faire surgir de l'*entre*, à la fois réflexif et productif de commun. Alors nous retrouvons l'ambition d'un possible dialogue. Mais revisité. *Dia* – le mot grec dit à la fois l'écart et le cheminement vers l'autre. *Logos* – l'intelligible. Le dialogue n'est possible que parce qu'il y a un commun de l'intelligible. Le commun de l'humain.

Entretien avec
Marc-Alain Ouaknin

QUAND DIEU JOUE AU BALLON

La question du lexique

Marc-Alain Ouaknin, vous êtes à la fois philosophe, écrivain et professeur de littérature comparée (Université de Bar-Ilan, Israël), spécialiste de la pensée juive, et en particulier de la pensée d'Emmanuel Levinas. Dans cet entretien nous allons parler du sport dans la tradition juive, mais pour ce faire il est d'abord important de comprendre quel statut la tradition juive confère au corps. Y a-t-il un accord théologique sur cette question ?

Tout d'abord merci pour votre invitation et merci pour cette question d'introduction. J'aimerais dire pour commencer que l'expression « tradition juive » me semble toujours devoir être utilisée avec précaution parce que cette tradition est multiple comme l'est la tradition philosophique qui se déploie en de nombreuses écoles de pensée totalement différentes. J'ai coutume de dire à mes étudiants qu'ils ne rencontreront jamais *la* philosophie dans la rue, comme ils ne rencontreront jamais *la* pensée juive. Lorsque l'on doit répondre à une question, quel qu'en soit le thème, il faut, en tout cas c'est ma démarche, revenir au(x) texte(s), rechercher le texte de référence le plus ancien et les interprétations qui en ont été faites au fil du temps, afin d'approfondir la problématique dont il est question.

Or, le texte fondamental, on peut ajouter aussi fondateur, de la pensée juive, c'est la Bible. C'est-à-dire, l'Ancien Testament. Mais attention ! Comme le dit Levinas, la pensée juive, c'est la Bible commentée par les commentaires et en particulier par le Talmud, ou encore : « La Bible est un texte tendu sur une tradition comme les cordes sur le bois d'un violon[1]. » Et ainsi, il faut se souvenir, comme le souligne Armand Abecassis : « Le peuple juif n'est pas le peuple du livre mais le peuple de l'interprétation du livre ! »

Revenons donc aux textes !

Ce qui est surprenant en ouvrant le texte biblique, c'est que le mot « corps », qui en hébreu se dit *gouf*, n'apparaît pas à proprement dit ! On rencontre seulement trois occurrences de la racine *GaF* mais dans un sens un peu différent. La première, en Exode 21, 3, concerne les lois de l'esclave qui rentre au service de son maître « seul », littéralement « avec son corps », *begapo,* et qui doit de ce fait « sortir seul » quand il est affranchi, « avec son propre corps », *begapo*. Le mot est donc répété deux fois dans le verset ! La seconde occurrence se trouve dans le livre des Proverbes au chapitre 9, verset 3 où le mot a alors la signification de « hauteur » ou de « toits » : « Elle a mis en campagne ses servantes ; elle lance ses invitations du haut des toits

1. Emmanuel LEVINAS, *Hors-sujet*, Fata Morgana, 1987, p. 192.

(*al gapé*) de la cité ». Et vient une troisième occurrence présente dans le livre de Daniel (7, 4) avec un troisième sens, celui d'« aile d'oiseau » ou de « créatures qui volent dans les airs » : « La première créature était semblable à un lion et avait des ailes (*gapin*) d'aigle ; tandis que je regardais, les ailes (*gapa*) lui furent arrachées, elle fut soulevée de terre, redressée sur ses pieds comme un homme, et elle reçut un cœur d'homme. »

Le mot « corps » est donc rare, voire inexistant dans la Bible, mais il existe bel et bien aujourd'hui dans le lexique de la langue hébraïque...

Le mot hébreu pour dire le corps est *gouf*. On le rencontre pour la première fois dans les textes de la Michna, un ensemble de textes juridiques, rédigés entre le IIe siècle avant notre ère et le IIe siècle après, qui abordent tous les problèmes de la juridiction hébraïque. Dans cette Michna, le mot « corps », et le verbe qui lui est associé, dérivent, je l'ai évoqué, de la racine hébraïque *gaf (guimel-pé)* : « joindre », « mettre ensemble », « former un tout », « s'unir », « embrasser », « enlacer[1] ». Un sens que l'on retrouve aujourd'hui dans la langue française dans les expressions « corps professoral », « corps de ferme » et « corps d'armée » par exemple, ou encore dans « corpus », quand on parle d'un ensemble de textes séparés que l'on réunit ensemble.

1. Voir M. Jastrow, *Dictionnaire du Talmud et du Midrash*, 1903, t. 1, p. 262.

Car c'est bien là le sens du « corps ». Considérer en un tout, un ensemble de parties séparées. Ainsi la main n'est qu'une partie d'un tout, comme la tête, les bras, les jambes, etc. L'idée de corps est celle d'une vision d'ensemble, la capacité pour l'esprit de faire une synthèse d'objets et d'éléments séparés et divers qui fonctionnent au sein d'un organisme unique dont toutes les parties sont interdépendantes à la fois au niveau mécanique et physiologique. D'où l'expression talmudique *goufo chèl davar*, qui signifie le corps d'une idée, d'une question ou d'un objet.

Ainsi, si l'on peut prendre une personne dans ses bras, l'embrasser ou l'enlacer, c'est que l'on est capable de la prendre en entier, de rassembler l'ensemble des parties de son corps par cette embrassade, ce qui est très différent du fait par exemple de lui serrer la main ou de lui faire du pied. Le « corps » n'existe pas en soi ! Il est une vision du monde, un rapport particulier au monde, aux êtres et aux choses. L'expression « embrasser du regard » dit bien ce dont il est question.

Et l'on comprend, dès lors, pourquoi ce verbe signifie aussi le fait de mettre un bouchon sur une carafe, une bouteille, un tonneau ou une jarre, car c'est un acte qui empêche qu'un contenu se déverse et s'éparpille. Tous ces contenants donnent corps à un ensemble d'élément séparés en les maintenant ensemble. De même pour le sens de « fermer la porte », étonnant au premier regard, mais qui se comprend à la lumière de ce qui précède.

En fermant la porte, l'ensemble des éléments d'une pièce, d'une maison, d'un jardin, etc., forment un tout et font corps les uns avec les autres. La porte ouverte est la porte ouverte à la désintégration de cette totalité, de cette totalisation, de ce corps.

« Ouvert, fermé », une dialectique au centre du corps

La fermeture de la porte, les bouchons de bouteilles… Comment ne pas penser, à partir de ces deux images, aux organes ouverts et fermés qui constituent une grande partie de notre corps et de sa physiologie ?

Vous touchez là à un des points les plus importants de la question du corps dans le judaïsme. Dans les textes talmudiques puis dans la liturgie, le corps apparaît sous la forme d'une dialectique physiologique de l'ouvert et du fermé. Il existe en effet une bénédiction de la tradition juive que l'on prononce en sortant des toilettes dont voici le texte :

> Béni sois-tu, Maître de l'Univers, qui a formé l'homme avec intelligence et a créé en lui des ouvertures et des orifices. Il est dévoilé et su devant ton trône céleste que si l'un d'entre-eux se bouchait ou se perforait, il ne serait pas possible de survivre ne serait-ce qu'un instant ! Béni sois-tu, source de bénédictions qui guérit toute chair et qui fait des prodiges.

Cette idée du fermé qui s'ouvre ou de l'ouvert qui se ferme fait penser aux espaces vides qui constituent nombre de nos organes et en particulier deux qui sont responsables de nos fonctions vitales, celles de la nourriture et de la respiration : l'œsophage et ce qui le continue au-delà de notre estomac, la trachée-artère et ses ramifications bronchiques.

Que se passerait-il si au lieu d'être des organes vides qui laissent passer la nourriture et l'air dont nous avons besoin pour nous nourrir et respirer, ils étaient bouchés par du plâtre ou du béton, par exemple ? Nous mourrions !

Et imaginons la forme que prendraient ce plâtre ou ce béton, que nous découvririons si l'on ouvrait notre corps après notre mort ! Un serpent et un arbre à l'envers, ne parle-t-on pas de l'arbre bronchique ? Les symboles mêmes de la faute primordiale décrite dans la Genèse. La faute serait de ne pas respecter notre vide intérieur, de fermer l'ouvert et d'ouvrir le fermé.

Dès lors le terme de « bouchon » pour désigner le corps n'est-il pas le plus adéquat pour penser le corps ? Et le verbe « fermer la porte » qui s'y rapporte ne trouve-t-il pas ici sa place de manière tout à fait judicieuse ?

L'ÉTHIQUE DE LA PAROLE TENUE

Vous venez de dire que le mot corps est quasi inexistant dans le texte biblique ; il est cependant bien question de la création de l'homme, de l'homme et de la femme, une création très charnelle, puisque l'on parle même de la côte d'Adam avec laquelle le corps d'Ève aurait été façonné ! Si le mot est absent, l'idée semble bien présente…

Tout à fait ! Je reviendrai plus loin sur l'épisode de la côte d'Adam et de la naissance de la femme, mais je voudrais préciser d'abord qu'il y a dans le texte biblique deux récits de la création de l'homme, c'est-à-dire de l'être humain en général. Le premier récit se trouve au chapitre 1, versets 26 et 27 de la Genèse : « Faisons l'homme à notre image (*tsélèm*) et à notre ressemblance (*demout*) », « masculin et féminin, il les créa. » Versets complexes qui ne peuvent se comprendre que si on les resitue dans leur contexte culturel mésopotamien dont ils sont issus. Et pour en apprécier la dimension novatrice, voire révolutionnaire il faut remonter à la Création du monde et de la lumière, et à l'éthique fondamentale du texte biblique sur laquelle repose cette Création.

« Et Dieu dit que la lumière soit et la lumière fut » ! Équation créatrice qui énonce que la parole de Dieu est performative au sens qu'elle réalise ce qu'elle énonce. Ou plus précisément qu'au moment même où Dieu dit, la chose est déjà réalisée. Équation créatrice qui met en place ce que l'on pourrait appeler une *éthique de la parole tenue* dont Nietzsche dans la *Seconde dissertation de la Généalogie de la morale* a si bien montré, pour les hommes, la difficulté de s'y inscrire. D'où, pour pallier la difficulté de tenir ses engagements au-delà de la simple formulation orale, la naissance du droit des contrats, de la signature et des témoins. Et c'est ainsi que très tôt, en Mésopotamie, dans cette civilisation dite de l'argile, furent inventés le sceau-cylindre et l'idée de signature offrant par l'authentification des contrats une validité renforcée aux transactions commerciales.

Dans ces sceaux-cylindres, l'image gravée en creux, dans l'ivoire, l'os ou la pierre, était reproduite en bosse sur le support d'argile. Ou inversement[1].

Apparut ainsi une dualité fondamentale, celle d'une *image et de sa reproduction*, ou selon la formulation biblique d'*une image et de sa ressemblance.* Androgynie primordiale du premier homme, qui au-delà du mythe, fait allusion à l'en bosse et l'en creux du sceau, ce qui nous invite d'ailleurs à penser que l'image du sceau auquel la Bible fait allusion aurait été gravée « en positif » offrant une reproduction/ressemblance « en négatif » : image masculine (*tsélèm*) en bosse (*zakhar*), produisant une image féminine (*demout*) en creux (*nequéva*). La grammaire et le genre lexical confirment cette hypothèse. En effet, le terme d'image/*tsélèm* est

1. Voir le site SESPOA : Site de Sceaux et empreintes de sceau du Proche-Orient Ancien. Voir sur le site du Ministère de la Culture, l'article « Sceaux-cylindres du Proche-Orient ancien ».

masculin et celui de ressemblance/*demout* est féminin. De plus le mot « féminin », *nequéva* en hébreu, signifie ce qui est en creux, en trouaison.

Une lecture « révolutionnaire » du texte biblique dont les conséquences éthiques sont considérables. Mais vous avez parlé de deux récits !

Oui, c'est exact, il y a un deuxième récit de la création de l'être humain. C'est au deuxième chapitre de la Genèse. Il est dit qu'après la première pluie qui tomba sur la terre[1], l'homme fut façonné « poussière de la terre », l'eau ayant apporté la cohésion nécessaire à la poussière du sol sans que celle-ci glisse entre les doigts.

C'est l'expérience que fait le petit enfant qui joue au sable et qui comprend très vite que pour faire un pâté de sable il faut mettre de l'eau, et de préférence dans un seau, pour que l'ensemble tienne plus facilement. Ainsi, la plage, le bord de mer, le bac à sable, ne sont pas qu'une fantaisie urbaine pour soulager les parents et les nounous, et leur permettre de s'asseoir tranquillement sur un banc dans un square, mais une invention subtile liée au développement de l'enfant devant faire l'expérience du sable sec et du sable mouillé, de l'analyse et de la synthèse[2].

1. Genèse 2, 6.

2. Cette intuition de l'importance du jeu de sable en bord de mer ou dans un bac à sable dans sa relation au développement

Ce qui est intéressant dans ces deux créations, qui relèvent de deux mythes totalement différents, c'est qu'ils disent cependant la même chose : la création de l'homme comme homme, n'est possible qu'au cœur d'une cohésion, d'une situation où quelque chose puisse faire « corps ». Comme la naissance du droit des contrats qui permet la cohésion d'un « corps social » dans le récit de la première création, et la cohésion d'un « corps » stricto sensu dans la seconde création.

« Les deux corps du moi »

« L'image » et « la ressemblance » auxquelles le texte biblique fait allusion, n'est-ce pas une invitation à envisager deux types de corps différents ?

J'y ai aussi souvent pensé. Mais cela ne met pas à mal l'interprétation que je viens de donner. L'interprétation des textes bibliques est cumulative !

Et comment avez-vous interprété ces deux types de corps ?

J'ai longtemps réfléchi sans trouver de réponse satisfaisante, jusqu'au jour où j'ai découvert le livre de

---

de l'enfant m'a fait découvrir « le bac à sable » comme technique psychanalytique. Voir par exemple la thérapie par le Jeu de sable, « Sandplay Therapy ». Si son origine est d'obédience jungienne, il semble que sa source plus lointaine soit ce texte biblique de la création de l'homme évoquée dans le chapitre II de la Genèse.

Françoise Dolto intitulé *L'image inconsciente du corps*[1]. Dans ce livre elle propose des réflexions absolument lumineuses du point de vue de la clinique psychanalytique et qui ouvre une piste à la question de notre conception du corps selon la Bible. Elle écrit que nous avons deux corps, le corps apparent ou « schéma corporel » : la tête, les bras, etc., et un autre corps qui réside dans la manière dont nous vivons notre corps dans notre relation avec le monde. C'est-à-dire la manière dont notre corps trouve sa cohésion dans le monde, avec les objets, les situations, les personnes, avec lesquels nous entrons en relation, c'est ce qu'elle appelle « l'image inconsciente du corps » ou plus simplement « l'image du corps ».

Un exemple serait bienvenu !

Votre demande va être exaucée car Françoise Dolto donne justement un exemple éloquent. Un exemple clinique qui met en scène une petite fille qui entre en consultation et à qui elle demande de faire un dessin. La petite fille extrêmement heureuse d'être en compagnie de François Dolto commence par dessiner « un très beau vase de fleurs épanouies, en indiquant le niveau de l'eau où plongent les tiges ». Après quelque temps, la mère de la petite fille entre à son tour en séance pour s'entretenir avec Françoise Dolto, pendant

1. Françoise Dolto, *L'image inconsciente du corps*, Éditions du Seuil, 1984.

que la petite fille continue à dessiner. Celle-ci réalise un second dessin, « celui d'un minuscule pot de fleurs sans niveau d'eau, avec dedans un minuscule bouquet de fleurs fanées[1]. »

Le dessin est pour Dolto une *image projective*, non pas du « schéma corporel », du corps en chair et en os pourrait-on dire, mais du ressenti de ce schéma corporel. « On voit, dit Françoise Dolto la différence de l'image du corps de la fillette, telle que ressentie inconsciemment, selon qu'elle est en présence de sa mère ou sans elle. Relativement à sa mère elle se sent minable et fanée, tandis que lorsqu'elle est seule interlocutrice de l'analyste qui l'écoute elle se sent le droit de s'épanouir et d'être dans sa beauté séductrice narcissique[2]. » Ce que Dolto commente : « le schéma corporel de cette fillette n'est pas modifié par la présence de sa mère », elle a toujours le même corps physique, mais « cette présence entraîne en revanche une modification dans l'image du corps », c'est-à-dire dans l'image inconsciente qu'elle se fait de son corps, « et de ce fait dans sa représentation projective » c'est-à-dire dans la manière dont elle pense que son corps est projeté vers les autres et reçu par les autres.

Cela peut nous aider à comprendre l'expression : « L'homme créé à l'image de Dieu et à sa ressemblance »...

1. *Ibid.*, p. 25.
2. *Ibid.*

Oui tout à fait ! Et je pense que le lexique biblique nous aide à penser dans ce sens car le terme de *demout* que nous traduisons par « ressemblance », ce qui est juste lexicalement, vient d'une racine qui a donné le mot « imaginaire », en hébreu *dimayon*. Le *tsélèm* est « l'image physique » du corps, son schéma corporel, alors que le *demout* en est « l'image imaginaire », l'idée que je me fais de l'image de mon corps, « l'image inconsciente » que je m'en fais. Et sans entrer dans les détails, il est intéressant de noter que dans le texte biblique tout comme dans le texte de Dolto, ces deux types de corps entretiennent des relations différentes avec le désir et le langage, en distinguant désir et besoin, ainsi que parole parlante et parole parlée, j'y reviendrai !

Cette distinction entre schéma corporel et image inconsciente du corps ne pourrait-elle pas être le point de départ d'une relecture de La Métamorphose *de Kafka, un auteur dont l'œuvre vous tient particulièrement à cœur ?*

Je crois que vous avez entièrement raison, même si les spécialistes vous diront qu'une explication de type psychanalytique de l'œuvre de Kafka risque de lui enlever tout le charme et toute sa dimension fantastique. Mais votre hypothèse se tient parfaitement ! L'insecte serait alors l'image du corps, cette image inconsciente du corps, cette façon de se ressentir par rapport à soi-même et aux autres. Cela, effectivement, donne à mon sens une lecture tout à fait passionnante de ce grand texte de la littérature ! Bien sûr une lecture parmi d'infinies autres lectures possibles !

Le corps et l'intime

Dans votre analyse du texte biblique vous avez surtout insisté sur le terme de demout, *la « ressemblance », « l'image imaginaire » mais vous avez peu commenté le terme de* tsélèm. *En lisant vos commentaires sur la Genèse, dans votre ouvrage* La Genèse de la Genèse[1], *nous avons cru comprendre que ce terme avait un lien avec l'ombre. Comment reliez-vous cela avec la question du corps ?*

Merci pour votre fine lecture. Effectivement *tsélèm* vient de *tsèl* qui veut dire l'« ombre ». L'ombre n'est pas seulement ce contour du corps projeté au sol. L'ombre c'est ce qui fait que nous avons une intimité. Une part d'ombre. Non pas au sens négatif que porte cette expression mais au sens où l'on peut sortir de la visibilité panoramique de l'être comme disent les philosophes.

On trouve dans le Talmud un texte sur les lois de l'urbanisme. Une ville doit être construite de telle manière qu'aucune fenêtre et qu'aucune porte ne donne sur la fenêtre ou sur la porte du voisin[2]. Chacun doit pouvoir vivre sans être regardé par l'autre,

---

1. Paru aux éditions Diane de Selliers, 2019.
2. *Baba Batra* 60a. Voir le commentaire de Rachi sur *Nombres* 24, 5.

sans préjudice porté à son intimité. « Le regard peut être considéré comme un dommage » dit le Talmud. Rapportée à l'idée du corps, cette conception fait naître une dialectique du visible et de l'invisible. Certes, le corps, cette totalité organique dont nous avons parlé peut s'exprimer et se rendre visible en totalité mais a aussi le droit, c'est un droit éthique, de se cacher, de se dissimuler, de se dérober aux yeux d'autrui. Droit éthique, qui s'articule avec la possibilité pour chacun de posséder un secret. C'est là l'un des points essentiels développés par Levinas dans son grand ouvrage *Totalité et infini*, et dont je m'inspire ici[1].

La réalité du corps dans l'espace nous invite d'ailleurs à cette prise de position, si l'on peut dire, car si je vois le corps d'autrui devant moi, je ne vois pas son dos, ni sa nuque ; il faut pour cela qu'il se retourne ou que je fasse le tour de son corps ! De même si je le regarde de profil, je ne vois qu'un côté, qu'un versant, qu'un aspect de son visage et de son corps. Quel que soit le point de vue, il y aura toujours quelque chose qui échappe du corps de l'autre ! Et ce qui échappe peut réserver des surprises ! Je pense à ces Koré, ces statues de jeunes filles grecques, habillées de face et complétement dénudées de dos.

L'hébreu le dit à sa façon de manière très subtile dans le mot visage qui est toujours au pluriel : *panim*. C'est le pluriel de *pan*, un côté, un pan, comme en

1. Voir Emmanuel Levinas, *Totalité et infini*, Nijhof, 1961.

français, même s'il n'y a ici aucune filiation étymologique connue. Ainsi on ne peut pas dire « Le visage » mais seulement « les visages » car chaque visage en cache un autre. Et il y va de la survie de chacun de pouvoir se mettre à l'ombre de ses secrets. L'hébreu le dit à fleur de mots. En effet « faire de l'ombre », *lehatsil*, signifie en même temps « sauver quelqu'un » et le sauver de la mort aussi !

LE VISAGE PARLE

Cette réflexion sur le corps visible et invisible renvoie de manière essentielle à la question du féminin et, peut-être est-ce là l'occasion de parler de la naissance de la première femme, de la naissance d'Ève, puisque nous avons déjà abordé la création de l'humain en général ?

Votre intuition est très juste. Ce droit à l'intime est une approche de la catégorie du féminin. De la femme et du féminin. Dans le texte biblique, il est dit que Dieu, après avoir endormi Adam, lui prit une côte, il faut traduire plus précisément un côté, c'est-à-dire une partie. C'est-à-dire justement une non-totalité que l'on peut comprendre dans l'horizon de ce que nous venons d'évoquer et que Levinas formule admirablement. C'est dans *Le temps et l'autre*[1] :

1. Fata Morgana, 1947, p. 78-79. Cité par Philippe NEMO dans *Éthique et infini*, p. 70.

> L'autre en tant qu'autre n'est pas ici un objet qui devient nôtre ou qui devient nous, il se retire au contraire dans son mystère. Ce qui m'importe, dans cette notion du féminin, ce n'est pas seulement l'inconnaissable, mais un mode d'être qui consiste à se dérober à la lumière. Le féminin est dans l'existence un événement, différent de celui de la transcendance spatiale ou de l'expression, qui vont vers la lumière ; c'est une fuite devant la lumière. La façon d'exister du féminin est de se cacher, ou la pudeur.

Ainsi le corps est bien éthiquement et ontologiquement masculin et féminin, ce que disent les mots de *demout* et *tsélém* dans l'acceptation que nous venons de donner à ces termes : l'image visible et son retrait dans l'ombre. On pense bien sûr aussi à Tanizaki et son chef-d'œuvre *Éloge de l'ombre*[1] que les présentes réflexions croisent avec intensité !

Il y a chez Levinas – nous savons que rester encore en sa compagnie est un grand plaisir pour vous – un aspect important concernant le visage. Il a cette formule célèbre : « Le visage parle ». Cela mérite commentaire !

Oui ! C'est l'une des phrases les plus célèbres de Levinas et sans doute des plus importantes. On peut la comprendre en fait très facilement dans le contexte que nous développons ici. À partir du moment où je ne peux saisir l'autre dans sa phénoménologie, dans

1. Junichiro TANIZAKI, *Éloge de l'ombre*, Verdier, 2011.

son apparition, dans la seule façon que j'ai de l'aborder, puisque comme on vient de le voir il y a toujours quelque chose de lui qui m'échappe, l'information sur autrui ne peut jamais venir (seulement) de moi ! Je ne peux le *dévoiler* ! En revanche, dit Levinas, lui ou elle, peuvent se *révéler*[1]. Et cette révélation, qui peut être révélation du plus profond, parfois du plus intime, mais pas nécessairement, se fera par la parole :

> Là, contrairement à toutes les conditions de la visibilité d'objets, l'être ne se place pas dans la lumière d'un autre mais se présente lui-même [...]. L'expérience absolue n'est pas dévoilement mais révélation... manifestation d'un visage par-delà la forme... Le visage est une présence vivante, il est expression. La vie de l'expression consiste à défaire la forme où l'étant, s'exposant comme thème, se dissimule par là même. *Le visage parle.* La manifestation du visage est déjà discours[2].

Je donne toujours le même exemple pour illustrer cette notion de visage. Un jour dans l'une de mes conférences, justement sur le visage chez Levinas, une dame assise au premier rang fait non de la tête ! Pendant toute la conférence elle montre un désaccord avec mes propos par un mouvement de tête explicite et tout à

---

1. La distinction entre dévoilement et révélation est l'une des plus importantes et des plus essentielles dans la philosophie de Levinas. Cette distinction parcourt en filigrane toute l'œuvre.

2. Emmanuel Levinas, *Totalité et infini*, *ibid.*, p. 37.

fait agaçant voir déstabilisant. Je me dis qu'elle est sans doute une spécialiste de Levinas que je ne connais pas ; spécialiste, qui a une approche différente de la mienne et qui tient à l'exprimer. Après la conférence elle s'approche de moi, toujours avec le même mouvement de la tête, et me dit avec un grand sourire : « Professeur, votre conférence était formidable ! »

Dévoilement et révélation !

Exactement ! Nous ne pouvons comprendre autrui, quelles que soient les perceptions que nous avons de lui, quel que soit le dévoilement dont nous sommes capables, tant que lui-même ne se révèle pas, ne s'exprime pas, ne se raconte pas. Révélation qui est encore maîtrise de son intimité car c'est lui, dans sa parole, qui dit et ne dit pas, qui décide de révéler certaines choses et d'en cacher d'autres !

Mais n'y a-t-il pas un risque de mensonge ?

Sans doute, mais la liberté est à ce prix ! Nous sommes obligés d'avoir une grande confiance en l'humain, en son éducation, en son sens de l'éthique qu'il acquerra tout au long de sa vie, et qu'il soit capable de distinguer dissimulation, mensonge et protection de l'intime.

Votre démonstration n'est-elle pas un clin d'œil en direction du texte d'Adelbert von Chamisso, Peter Schlemihl *?*

Votre oreille est très littéraire et ne vous a pas trompé! En effet, en vous parlant, je pensais à *L'Étrange Histoire de Peter Schlemihl ou l'homme qui a vendu son ombre* (Peter Schlemihls wundersame Geschichte), un récit fantastique d'Adelbert von Chamisso datant de 1813[1].

On ne peut pas vivre sans ombre! Telle est la profonde leçon de ce texte! L'ombre vaut plus que tout l'or du monde, car elle permet cette intimité que j'ai évoquée, ce retrait dans un chez soi toujours nécessaire pour se protéger du risque d'une manifestation totale de soi aux yeux des autres et de leur emprise toujours préjudiciable d'une manière ou d'une autre.

Puisqu'il est question de littérature et d'intimité, il y a un livre qui, en filigrane, évoque la question de l'intime et du féminin, même si ce sujet est abordé différemment. Il s'agit du livre de Virginia Woolf, Une chambre à soi.

Effectivement c'est une référence essentielle pour notre propos, en tout cas son titre m'a toujours inspiré. La question de Woolf est celle de la relation des femmes et de la littérature, de la place des femmes dans la littérature, mais cette idée de posséder une

1. Voir le livre pdf, en ligne, de Adelbert von Chamisso, *Histoire merveilleuse de Pierre Schlemihl.* Paris, Jules Tardieu, Éditeur, 1864.

chambre à soi pour écrire, pour exprimer sa subjectivité la plus profonde, me semble très éclairante. Un des grands maîtres du hassidisme, Rabbi Nahman de Braslav, insistait auprès de ses élèves pour qu'ils aient une chambre dans laquelle ils pourraient se retirer pour méditer hors du fracas du monde et, à défaut de cette chambre, il leur demande de se retirer régulièrement dans la nature et de préférence dans la forêt pour se retrouver avec eux-mêmes. C'est un vaste sujet. En tout cas, merci pour cette belle référence !

Le corps et la parole

Nous venons de parler de parole, de ce visage qui parle et ce qui nous frappe, que ce soit dans l'exemple de la petite fille chez Dolto ou du scarabée chez Kafka, c'est justement qu'ils parlent ou ont la possibilité de parler. La petite fille, commentera sans doute son dessin avec sa psychanalyste, et Gregor dialogue avec lui-même tout au long du récit...

Je vous remercie pour cette remarque car c'est un point sur lequel je voulais justement insister. Revenons un instant, si vous le voulez bien au récit biblique de la seconde création de l'homme. Une fois ce corps fait de la poussière de la terre advenu à l'existence grâce à la cohésion que lui offre l'eau de la première pluie, il est dit : « Et Dieu souffla dans ses narines un souffle de vie », un souffle qui, selon la traduction araméenne, doit être compris comme un « souffle de parole », *rouah memaléla.*

C'est-à-dire que ce qui fait l'essence d'un corps humain, de « l'image du corps », c'est sa réalité physique mais animée, vécue, imaginée, projetée, construite, pour soi et les autres, à travers la parole et le langage. L'homme est un corps désirant et un corps parlant !

Qu'appelez-vous un « corps parlant » ?

Disons succinctement que ce qui caractérise l'être humain est le fait de parler. Il ne s'agit pas du fait d'être doué de langage, ce que les animaux possèdent aussi, puisqu'ils communiquent entre eux selon des schémas préétablis très précis, (on se souvient des travaux de Von Frisch sur les abeilles, pour lesquels il reçut d'ailleurs le prix Nobel de médecine en 1973), mais du fait d'être doué d'un langage créatif qui, au-delà de l'information sur le monde, forme et transforme l'être humain qui parle et le monde dans lequel il évolue, et surtout permet d'entrer en relation avec autrui.

Comment formuleriez-vous cette relation du corps et du langage à partir des catégories hébraïques ?

Reprenons le mot corps en hébreu que nous avons abordé au début de ce dialogue. Il se dit *gouf*, vous vous souvenez. Et il s'écrit de trois lettres, *guimel vav* et *pé*. Trois lettres qui se lisent littéralement « sevrage et bouche », [« sevrage (*guimel*) et (*vav*) bouche (*pé*) »]. Le corps est ainsi défini comme sevrage, c'est-à-dire comme « autonomie réussie » du sujet, qui passe par la bouche, par une certaine relation à la nourriture et à la parole. Et le Talmud est encore plus précis sur l'importance de la bouche et de la parole dans les processus de maladie et de guérison. L'expression *literoupha*, « pour la guérison » est lue selon une méthode de lecture que j'appelle « lire aux éclats », *lehatir pé*, qui veut dire « dénouer les nœuds de la bouche » ou encore « autoriser la bouche » ! Guérir c'est prendre conscience de nœuds de la bouche qu'il s'agit de dénouer ; de la « bouche d'en haut et d'en bas » dit le Talmud, « de la bouche qui parle et du sexe qui parle[1] ».

Le corps et le nom

La tradition dit que le premier usage de la parole par Adam fut de nommer les animaux. Cela ne nous invite-t-il pas à penser aussi l'importance du nom et sa relation au corps, en ce qui concerne les êtres humains ?

C'est une très bonne question. Notre nom est un des premiers mots de notre lexique. Et si parler c'est d'abord entendre parler, l'on comprendra que l'une des premières paroles que l'on entend en venant au monde c'est son propre nom, son nom propre, son prénom qui, tout au long de notre vie, nous donnera une stabilité narcissique fondamentale. C'est un « corps sonore » qui nous inscrit dans le monde avec cette modalité tout

1. Traité *Sanhédrin* 100a.

exceptionnelle de pouvoir « être appelé », une façon de dire que nous sommes désirés. Dolto y consacre un paragraphe dans *L'image inconsciente du corps*[1].

Le pur et l'impur

Poursuivons cette conversation sur le corps dans le judaïsme par un des aspects qui semble le plus présent dans le texte biblique et les autres textes de la tradition juive. La question de la pureté. L'archéologie du Judaïsme révèle dans les fouilles qu'elle effectue en France et Europe, la présence dans tous les espaces où des communautés juives ont existé de bains rituels, appelés miqvé *(au pluriel* miqvaot*), dont la fonction est de permettre la purification par immersion dans de l'eau de source, de l'eau « vivante ». Que signifie l'impureté du corps ? Et en quoi une simple immersion dans l'eau, serait-elle vivante, peut-elle le purifier ?*

Vaste question, mais question sérieuse. Dans le texte biblique les lois de pureté sont très présentes et en particulier dans le livre du Lévitique, qui comme son nom l'indique est adressé particulièrement aux Lévites, c'est-à-dire aux descendants de la tribu de Lévi, à qui avait été confié le service du sanctuaire du désert et plus tard du Temple de Jérusalem.

Comme dans de nombreuses religions, le service divin qui se déroule au cœur d'espaces sacrés est souvent, voire toujours, lié à la notion de pureté et de sainteté.

1. *op. cit.*

Qu'est-ce qui différencie les notions de sainteté et de pureté ?

La sainteté, *qedoucha* en hébreu, renvoie à la notion de séparation, de « tabou » diraient certains. C'est un lieu où l'on n'entre pas ou peu, ou difficilement et selon certaines conditions, c'est un nom que l'on ne prononce pas, comme le Tétragramme imprononçable par exemple, c'est une personne qui ne se mêle pas à la foule, etc. La pureté est une notion plus complexe.

C'est-à-dire ?

Je répondrai par une anecdote. À l'occasion d'une conférence que Jacques Derrida donnait à Jérusalem, au milieu des années 1990, le hasard fit que je me retrouvai aux toilettes en même temps que lui. En sortant des toilettes, je me lave les mains selon la tradition, autrement dit, je remplis d'eau un broc, un *kéli*, que l'on verse à trois reprises sur chaque main. Il m'interroge pour savoir ce que cela signifie et je lui explique qu'il y a deux choses à distinguer dans la tradition juive : la propreté des mains par le lavage, eau et savon par exemple, et la purification des mains. Je fus bref car ce n'était ni le lieu ni le moment. Je lui dis sous forme d'énigme : « Lac de Tibériade et Mer morte. » Après coup, je ne suis pas sûr que ce fût la bonne formule, car il est possible qu'il entendît alors « mère morte », celle qu'il évoque longuement dans son livre *Circonfession*. Je ne saurai jamais car nous n'en avons jamais reparlé.

Que vouliez-vous lui dire avec cette Mer morte et ce lac de Tibériade ?

Certains commentateurs posent la question suivante : quelle est la différence entre la Mer morte et le Lac de Tibériade ? Et répondent que le lac de Tibériade reçoit le Jourdain au nord, il s'en remplit et donne le Jourdain au sud. Il donne et il reçoit et par là se définit comme un lieu de pureté, car la pureté c'est recevoir et donner. Et l'on comprend dès lors pourquoi de nombreux épisodes du Talmud et du Nouveau Testament se passent avec le lac de Tibériade et le Jourdain en arrière-plan, et en particulier en ce qui concerne les épisodes du baptême dont Jean le Baptiste était un fervent adepte !

Et la Mer morte ?

Quand on regarde une carte de la région on s'aperçoit immédiatement que la Mer morte reçoit le Jourdain au nord mais qu'aucun fleuve ne sort au sud. Ainsi elle est impure et morte ou plutôt morte et impure, car l'impureté c'est le fait de recevoir et thésauriser, sans donner. C'est pour cela que le mort ou tout ce qui est lié à la mort est considéré comme le plus haut niveau d'impureté.

Le broc d'eau, ce que vous avez appelé le kéli, *est en quelque sorte un lac de Tibériade miniature et c'est pour cela qu'il purifie les mains…*

Exactement ! Mais j'aimerais souligner que l'impureté n'est pas une catégorie négative comme elle l'est dans le lexique occidental, considérée comme la négation de la pureté. En hébreu le terme *tamé* (impur) n'est pas la négation du pur (*tahor*) c'est un autre mot mais pas une négation.

La pureté est une question symbolique alors que la propreté est une question matérielle. La pureté concerne notre inscription dans le monde et, comme dit Émile Durkheim à propos du sacré, c'est ce qui fait groupe, ce qui fait que nous pouvons vivre ensemble. Si nous ne faisions que recevoir des choses sans donner à notre tour, il n'y aurait pas d'économie, il n'y aurait pas de circulation des objets, des biens et de l'argent. Il est d'ailleurs intéressant de noter que l'un des mots qui dit « l'argent », *damim*, dit aussi le « sang », *dam* !

L'argent c'est la circulation économique et le sang, la circulation de la vie au travers du corps. Si ce sang qui est la vie et qui irrigue le corps venait à le quitter par quelque entaille ou blessure, l'équilibre circulatoire du vivant s'en trouverait perturbé et ouvrirait la porte à la dimension de l'impureté symbolique. C'est le cas aussi pour les hommes et, en particulier, suite à une perte de matière séminale, volontaire ou involontaire.

Précisons que la femme qui a ses règles n'est pas dite « impure » mais en « état d'impureté » lié au flux de sang qui sort de son corps. La situation d'impureté ne doit jamais être le prétexte d'une mise à l'écart d'un point de vue social, mais au contraire d'une attention toute particulière afin que la personne, qui n'est pas impure mais seulement en état d'impureté, ce qui est complètement différent, ne se sente pas rejetée ! Et pour qu'elle ne soit pas obligée d'avoir des relations intimes avec son mari, ce qui est souvent pénible dans cette période, la loi juive demande au couple de mettre des distances entre le mari et la femme. Ce n'est pas une « punition » mais une « protection ».

Merci pour ces éclaircissements, mais on a l'impression malgré tout que le pur est supérieur moralement à l'impur et l'exemple que vous avez donné du lac de Tibériade et de la Mer morte semble aller dans ce sens...

Si c'est ce qui ressort de mes propos, il est important que je précise. Le fait d'avoir choisi comme exemple le lac de Tibériade et la Mer morte est essentiel, car ce sont des éléments naturels qui ne sont pas concernés par l'éthique. Un fleuve est un fleuve et la manière dont il coule n'a aucun rapport ni avec la morale ni avec l'éthique, même quand on est attentif à une *éthique pour la nature*, comme le dit Hans Jonas. Précisons : une éthique « pour la nature » et non « de la nature ». C'est le comportement de l'homme envers la nature qui est éthique ou ne l'est pas !

En ce qui concerne l'homme, la question change de niveau et il faut distinguer les situations naturelles, qui relèvent de la physiologie et de la nature de la vie du corps, et les autres situations qui relèvent des comportements économiques, sociaux, politiques et symboliques.

Pour les premiers, aucun jugement de valeur ne doit être convoqué. Ainsi l'impureté d'un mort, d'une femme qui a ses règles, d'un homme qui a éjaculé volontairement ou involontairement, sont des situations d'ordre physiologique et naturel, comme le flux d'un fleuve, etc. Et n'ont aucun lien avec l'éthique ou ce que l'on nomme aussi la morale.

En revanche lorsque l'on transpose cette physiologie naturelle à un niveau économique, social, politique et symbolique, l'usage des termes « pur » et « impur » n'est qu'un abus de langage pour exprimer un jugement de valeur qu'il ne faut jamais accepter comme allant de soi mais questionner pour en comprendre la justesse, la légitimité et la validité !

De manière générale, les termes purs et impurs utilisés à ce niveau symbolique ne reçoivent une pertinence d'usage que s'ils ont une vocation de construction du lien social et non pas de destruction, s'ils ont une vocation d'intégration et non d'exclusion, de circulation et non de thésaurisation !

Recevoir et donner : la question de la transmission

Les termes de « pédagogie » et de « transmission », non encore utilisés, ne vont-ils pas, assez naturellement, s'imposer dans notre conversation…

Vous lisez dans mes pensées ou bien mon visage parle ! J'allais effectivement y venir, car la pédagogie et la transmission sont dans la droite ligne de ce que j'ai expliqué précédemment. La vie se joue dans le mouvement du recevoir et donner. Et ceci est valable dans tous les domaines. Et en particulier dans le domaine de l'enseignement qui est la valeur cardinale du judaïsme. *Talmoud Tora kenéguèd koulam* dit un proverbe de la Michna : « Tous les commandements sont importants, mais celui de l'étude est le plus important de tous ». L'étude n'est pas une thésaurisation solitaire et égoïste des savoirs. Elle se situe dans un recevoir et donner qui implique maîtres et élèves qui à leur tour deviennent maîtres est ainsi de génération en génération selon une modalité exigeante de renouvellement permanent de ce savoir qui ne doit pas être transmis comme un objet inerte mais repensé, réapprofondit, rajeuni, c'est ce que l'on nomme le *hidouch*, la nouveauté de sens. Innovation permanente qui transforme la tradition en « tradition du nouveau » selon une belle expression de Harold Rosenberg qu'il use à propos de l'art. *En bèt hamidrach belo hidouch* dit le Talmud : « Il n'y a pas de maison d'étude sans renouvellement du sens », c'est le renouvellement du sens qui définit la maison d'étude et non l'inverse !

J'ai beaucoup cité Levinas dans les réflexions précédentes et je le ferai ici encore une fois car il a formulé cette modalité de l'enseignement de manière si sublime que de ne pas le citer serait priver le lecteur de phrases essentielles à la culture de l'humanité. (Excusez mon enthousiasme !)

> Il faut aussi enseigner ce qu'on a appris pour le transmettre. La transmission, le *lelamed*, est une obligation distincte de la réceptivité pure de l'étude. Car l'humain comporte le risque d'une pétrification du savoir acquis susceptible de se déposer comme un contenu inerte dans la conscience et de passer, ainsi figé, d'une génération à l'autre. Cette congélation du spirituel n'est pas une transmission, laquelle en guise de tradition, de leçon enseignée à l'autre et assumée par l'autre, se fait précisément dans cette reprise, vie, invention et renouvellement, modalité sans laquelle le révélé, c'est-à-dire une pensée authentiquement pensée, n'est pas possible. La transmission comporte donc un enseignement qui déjà se dessine dans la réceptivité même de l'apprendre et la prolonge : le vrai apprendre consiste à recevoir la leçon si profondément qu'elle se fait nécessité de se donner à l'autre. La leçon de vérité ne tient pas dans la conscience d'un seul homme, elle éclate vers autrui. Bien étudier, bien lire, bien écouter, c'est déjà parler : que ce soit en posant des questions et

en enseignant ainsi le maître qui vous enseigne, ou en enseignant un tiers[1].

La fin de cette citation est fondamentale : « Bien étudier, bien lire, bien écouter, c'est déjà parler : que ce soit en posant des questions, et en enseignant ainsi le maître qui vous enseigne, ou en enseignant un tiers ». La transmission se fait dans les deux sens ! Du maître vers l'élève mais aussi de l'élève vers le maître. En posant des questions et en obligeant le maître à répondre, non pas à partir de réponses toutes faites mais d'une réflexion nouvelle engendrée par la situation de l'échange pédagogique, le maître devient l'élève de ses élèves, ils s'élèvent ensemble dans le ciel du savoir ! Et au-delà, ou à côté, celui qui a appris ne doit pas se contenter de ce savoir mais doit immédiatement, ou après un temps de maturation de l'enseignement reçu, le transmettre à un tiers. Il doit être suffisamment enseigné pour se mettre à parler à son tour. C'est le sens que Monsieur Chouchani, le maître de Levinas, donnait à la célèbre formule biblique : « Parle aux enfants d'Israël *leemor* (en ces termes) » que Levinas rapporte et qu'il est sans doute important de transmettre à notre tour :

Dans les quatre derniers livres du Pentateuque apparaît constamment le verset suivant. « Et l'Éternel dit à Moïse : *Parle aux enfants d'Israël* leemor » (en ces

1. Emmanuel Levinas, *L'au-delà du verset*, Minuit, 1982, p. 99 et 100.

termes). Un maître prestigieux que j'eus au lendemain de la Libération prétendait pouvoir donner cent vingt interprétations différentes de cette locution dont le sens obvie est cependant sans mystère.

Il ne m'en a révélé qu'une seule. J'ai essayé d'en deviner une deuxième. Celle qu'il m'avait révélée consistait à traduire *leemor* par « pour ne pas dire ». Ce qui revenait à signifier : « Parle aux enfants d'Israël pour ne pas dire. » Il faut du non-dit pour que l'écouter demeure un penser ; ou il faut que la parole soit aussi un non-dit pour que la vérité (ou la parole de Dieu) ne consume pas ceux qui écoutent ; ou il faut que la parole de Dieu puisse se loger, sans danger pour les hommes, dans la langue et le langage des hommes. Dans ma propre lecture de ce verset, *leemor* signifierait « pour dire » : « Parle aux enfants d'Israël pour qu'ils parlent », *enseigne-les assez profondément pour qu'ils se mettent à parler, qu'ils entendent au point de parler.* Les cent dix-huit autres significations du verset restent à découvrir. Mon maître emporta leur secret dans sa tombe[1].

1. *Ibid.*

Quand Dieu joue au ballon !

Nous sommes dans les locaux de l'Insep et notre conversation qui s'inscrit dans un cycle de réflexions sur le corps dans les différentes traditions religieuses interroge aussi, de façon essentielle, la relation du corps et du sport. Qu'en est-il du sport dans la tradition biblique et talmudique que vous avez évoquée tout au long de notre échange ?

Je vous remercie pour la formulation de votre question car vous avez utilisé un mot qui me permet de répondre plus facilement. Le mot « échange ». Dans l'enseignement entre maîtres et disciples et dans les échanges entre les maîtres eux-mêmes, – modalité de l'étude du Talmud qui ne se fait jamais seul mais dans l'échange et la contradiction heuristique –, les paroles passent des uns aux autres, littéralement volent des uns aux autres, en une image inattendue. Je cite :

> Que signifie le verset de l'Ecclésiaste « les paroles des Sages sont comme des aiguillons (*kedarbonot*)[1] ? » Rabbi Berakhya dit : Ne lit pas *kedarbonot* (comme des aiguillons) mais *kadour banot* ! L'hébreu écrit étant une langue purement consonantique le mot *kedarbonot* peut se lire et s'entendre aussi *kadourbanot*, c'est-à-dire « comme le ballon des jeunes filles » ! Ainsi le verset nous enseigne « que les paroles des Sages sont comme ce ballon auquel jouent les jeunes filles. L'une lance de ce côté et l'autre lance de cet autre côté. Et chacune fait attention

1. Chapitre XII, verset 11.

que la balle ne tombe pas sur le sol. Ainsi les paroles des Sages qui étudient la Tora : l'un donne une explication et l'autre donne une autre explication, et les paroles des uns et des autres, parce qu'elles disent des choses opposées, se choquent, s'entrechoquent, s'opposent et se contredisent, parfois se réconcilient, volent dans l'air comme un ballon dans des sens opposés, et cela constitue un jeu auquel tout le monde participe !

Midrach[1] audacieux s'il en est que redouble celui-ci très proche mais qui situe le jeu de ballon dans l'événement même de la Révélation sinaïtique :

> Les paroles des Sages sont comme des aiguillons : Comme le ballon auquel jouent les jeunes filles. Elles lancent de-ci de-là, ainsi les *Dix Commandements* (les Paroles) étaient lancés au Sinaï !

Midrach audacieux qui permet de rapprocher les paroles échangées dans une conversation ou dans un débat d'étude du ballon d'un jeu de balle. Les mots sont joués, lancés, rattrapés ou pas !

Midrach audacieux qui compare les paroles des Sages aux ballons que l'on se passe de mains en mains, « sans que les ballons tombent » précise le texte, soulignant l'habilité requise pour l'exercice.

Midrach audacieux que l'on peut compléter par un autre texte qui compare lui aussi les paroles des Sages à

---

1. *Midrach* veut dire « commentaire ».

un ballon et qui entre en résonnance avec les réflexions sur la transmission abordées précédemment.

Il s'agit d'un commentaire de la célébrissime Michna des « Maximes des pères », *Pirqué avot,* l'un des textes les plus connus de la tradition talmudique :

> Moïse reçut la Tora du Sinaï et l'a transmise à Josué et Josué aux Anciens, et les Anciens l'ont transmise aux Prophètes et les Prophètes aux hommes de la Grande Assemblée...

Texte à propos duquel le Midrach ose remplacer le mot « Tora » par le mot « ballon », faisant de la révélation du Sinaï le début d'une partie de ballon, et se déploie devant nos yeux toute la chaîne de la tradition. Le commentateur talmudico-sportif pouvant alors faire partager son émotion aux milliers d'auditeurs qui l'écoutent : « Moïse vient de recevoir la balle du Sinaï, c'est-à-dire de Dieu lui-même, en personne, il la transmet à Josué qui fait une passe très réussie et la balle est reçue parfaitement par les Anciens qui, toujours sans qu'elle leur tombe des mains, la transmettent immédiatement aux Prophètes qui avec brio et élégance la transmettent à leur tour aux Hommes de la Grande assemblée, et... Et c'est le BUT ! ! »

Humour midrachique que Camus aurait très bien compris, lui qui dit en 1959 : « Et vraiment, le peu de morale que je sais, je l'ai appris sur les scènes de théâtre et dans les stades de football, qui resteront mes vraies universités. »

Peut-être que le temps est venu de réapprendre à jouer !

Le sport, érotisme du corps à corps

Le texte auquel vous faites référence nomme explicitement la balle, le ballon, donc le jeu. Ce qui laisse à penser que dans la tradition juive, le jeu n'a pas un statut déprécié, n'est pas condamné et, par voie de conséquence, le sport lui-même ne serait pas soupçonné a priori de quelque « impureté »...

Non seulement le sport n'est soupçonné d'aucune « impureté », mais il participe d'une certaine « pureté » au sens où nous avons défini ce terme précédemment, puisqu'il est le lieu de l'échange et de la circulation comme c'est le cas pour les jeux de ballon et de nombreux autres sports. Pour la tradition juive, le sport nous invite à une réflexion profonde sur le mouvement et sur la vie.

Depuis Rech Lakich qui fût gladiateur au IIIe siècle, avant de devenir le grand maître que l'on connaît, jusqu'aux académies talmudiques, les *yeshivot,* d'aujourd'hui, on peut observer, dans la tradition juive, un grand intérêt pour la pratique sportive en ce qu'elle apporte de ludique et de dynamique dans le phénomène de la transmission, c'est-à-dire tout simplement de la vie.

Le jeu est vraiment un élément central de la vie juive. On pense bien sûr d'abord à tous les jeux de mots qui traversent les textes de la tradition juive qui s'en sont fait les ambassadeurs les plus enthousiastes, mais c'est aussi les jeux du corps qui passent par les rites, fort nombreux, qui ne sont rien d'autres que des formes de jeux, avec toute la noblesse que ce terme comporte. Le verbe jouer se dit *lessaheq* dont la racine est aussi celle du nom d'Isaac, fils d'Abraham. Car Isaac, *Itshaq*, *Ishaq*, en hébreu, signifie à la fois : il rira et il jouera. Le nom du deuxième patriarche renvoie au rire et au jeu ce qui donne à ces modalités de la vie toute leur portée et toute leur importance.

Vous avez évoqué les jeux de mots, il est peut-être important de s'y arrêter ne serait-ce qu'un instant !

Avec plaisir. On pourrait résumer ces jeux avec une formule que j'aime beaucoup : « lire aux éclats ». On prend un mot, on le coupe en deux, on fait la permutation de ses lettres, on en calcule ses différentes valeurs numériques qui renvoient à d'autres mots. Ainsi s'instaure une nouvelle circulation d'un *ballon-mot* pour filer la métaphore sportive. Ces jeux de mots sont pratiqués, matins, midis et soirs et parfois même la nuit dans les rêves du chercheur et de l'étudiant, qui se plongent dans ces textes.

Il est intéressant de noter que c'est le même mot qui est utilisé pour les jeux de langages, pour les jeux d'enfants, jeux sportifs mais aussi pour les jeux érotiques de l'amour. Ainsi, bien qu'*a priori* nous n'abordons pas un match de football de façon érotique, il faut comprendre, – c'est ainsi que donne à penser la langue hébraïque –, que tout sport, tout jeu, contient une dimension érotique, mot qui signifie comme le dit Levinas, la rencontre de l'immanence et de la transcendance !

Vous parlez d'érotisme et d'érotique, vous avez parlé de jeux de mots, mais qu'en est-il du corps proprement dit ?

Revenons encore une fois à la création d'Ève. Car si Adam, dans la seconde création est bien cet être doué de parole, *rouah melaléla*, comme nous l'avons vu précédemment, il n'accède à cette modalité du langage qu'après sa première rencontre érotique avec Ève, née de l'un de ses côtés (et non de l'une de ses côtes comme le dit une traduction populaire).

Ce n'est que par la rencontre sexuelle et érotique, la première de toute l'humanité selon le texte biblique, qu'est prononcée la première parole de l'homme, à l'exception de l'usage qu'il fit de cette parole pour nommer les animaux quelques versets plus haut dans le même chapitre !

Voici cette parole inaugurale du premier homme : « Pour le coup elle est chair de ma chair et os de mes os ».

Il est ainsi remarquable que cette première parole concerne son propre corps, et le corps de l'autre concerne la rencontre des corps et du plaisir qu'ils ont eu à se rencontrer, même si dans un premier temps la femme reste silencieuse !

Le corps, le corps et sa jouissance font naître la parole, et précisément une parole concernant le corps, « la chair et les os », une expression inaugurale elle aussi ! Verset que les commentateurs interprètent de la façon suivante : « Cette fois-ci, le plaisir du corps que je ressens, résonne comme une cloche, à la fois dans l'instant et au-delà : volupté au-delà de la jouissance ! » Le mot « cette fois-ci », *paam* en hébreu signifiant aussi la « cloche ». D'où un plaisir et une satisfaction qui résonnent au-delà du moment de la rencontre purement sexuelle, comme l'écho ou la résonance d'un son qui continue à vibrer après le contact du battant sur le métal de la cloche.

Naissance du premier couple par la parole mais d'abord par le plaisir, la jouissance et la volupté de la chair ! Dès lors, nous sommes loin de certaines positions théologiques et sociologiques qui ne voient dans la sexualité qu'« ordure » et « débauche », « ténèbres sensuelles » et « turpitudes dégradantes », « pourriture » et « boueuse concupiscence de la chair », pour reprendre des formules, sans doute mal interprétées de saint Augustin !

Laissons au Septième ciel le soin d'en témoigner !

L'HOMME BIBLIQUE EST UN SPORTIF !

Vous nous avez éclairé sur le sens du corps dans la tradition juive, les liens qu'il entretient avec la psychologie, la psychanalyse, la pédagogie, l'érotique et l'éthique. Nous avons fait quelques incursions du côté du jeu et du sport, en évoquant les jeux de ballon, mais peut-on dire de manière plus générale que l'homme biblique est un sportif?

Merci vraiment pour cette question qui invite à réfléchir à des sujets que la pensée traditionnelle a souvent laissé de côté! Mais en répondant à votre question précédente j'ai eu une « révélation ». Le mot *paam* que j'ai évoqué signifie nous l'avons vu, « cette fois-ci », le « coup », le « battement de la cloche » mais il signifie aussi le « pas de la marche », comme dans ce verset du Cantique des cantiques : « Que tes pas sont beaux dans tes sandales, fille de prince! Le contour de tes hanches ressemble à un collier, œuvre de mains d'artiste ».

Le « pas » dans ce verset se dit *paamayikh*, où l'on identifie bien le mot *paam*. Il est d'ailleurs intéressant que ces pas, donc la marche, soient associés à une autre partie du corps dans toute sa dimension érotique : « Le contour de tes hanches ressemble à un collier, œuvre de mains d'artiste ». Érotisme de la marche auquel invite une intertextualité forte avec le verset du même Cantique qui use du même lexique en hébreu : « Qu'elles sont belles, tes étreintes, ma sœur-fiancée, qu'elles sont bonnes tes étreintes, plus que le vin! L'odeur de tes huiles plus que tous les aromates! »

Dans ces deux versets c'est la même expression hébraïque, *ma yafou*, qui dit « *que sont beaux, qu'elles sont belles* ».

Cette valorisation de la marche qui pointe clairement dans ce verset du Cantique, invite à repenser à la marche comme valeur cardinale du texte biblique restée discrètement présente jusqu'à maintenant, mais ayant toujours eu son importance. Et l'on pense bien sûr à ce célèbre verset qui ouvre l'histoire des patriarches : « Dieu dit à Abraham : Marche pour toi, quitte ta terre, le lieu de ton enfantement, celui de la maison de ton père, et marche vers la terre que je te ferai voir. »

Marche ! C'est le fameux *lekh-lekha*, souvent traduit par « va vers toi » ou « va pour toi », que l'on peut traduire aussi, « marche pour toi ! » Ce que le commentaire de Rachi analyse d'une façon qui je crois n'a pas été comprise à sa juste valeur jusqu'à présent. En effet Rachi dit *lekh-lekha lehanatékha ouletovatékha*, c'est-à-dire littéralement « marche ! pour toi ! c'est-à-dire pour ton plaisir, pour que tu en profites et pour que cela te fasse du bien ! » Invitation de l'un des plus grands exégètes bibliques à la gymnastique, au bien être qu'apporte l'effort physique (*hit'amelout*, en hébreu).

Bien-être et bonheur car si l'on passe par une autre racine qui dit aussi la marche, la racine *achar*, on découvre qu'elle signifie aussi « bonheur ». « Marcher » et « bonheur », et « être heureux » appartiennent à la même racine. Cela révolutionne la lecture du Nouveau

Testament et notre compréhension du célèbre *Sermon sur la montagne*[1]. Comme le propose André Chouraqui :

> En marche ceux qui reconnaissent leur pauvreté spirituelle, car le royaume des cieux leur appartient !
>
> En marche ceux qui pleurent, car ils seront consolés !
>
> En marche ceux qui sont doux, car ils hériteront la terre !

Passionnant ! Et effectivement révolutionnaire. En vous écoutant je pensais à ce que disent les chercheurs sur cette question du genre : « Marcher rend heureux. La marche active est très bénéfique pour le stress. Ce qu'explique la physiologie. Plus vous marchez, plus votre cerveau libère des endorphines, plus connues sous le nom d'hormones du bien-être. L'avantage, c'est que cette sécrétion ne s'arrête pas lorsque l'on termine son effort. En effet, ces endorphines continuent d'agir jusqu'à atteindre un pic une heure après l'effort. »

Merci pour cette remarque importante. Et si vous le permettez, je terminerai la réflexion sur cette question avec cette phrase de Jacques Lacarrière citée par David Le Breton[2] : « Marcher de nos jours, et surtout de nos jours, ce n'est pas revenir aux temps du néolithique, mais bien plutôt être prophète[3]. »

---

1. Évangile de Matthieu, chapitre V.

2. David Le Breton, *Marcher, Éloge des chemins et de la lenteur*, Éditions Métailié, 2012.

3. Jacques Lacarrière, *Chemin faisant suivi de La mémoire des routes*, Fayard, 1977. On lira aussi avec plaisir le livre de Roger-Pol Droit, *Comment marchent les philosophes, Une promenade dans*

Le commandement du tir à l'arc

Continuons sur notre lancée! Continuons notre marche! Y aurait-il d'autres pratiques sportives au cœur du texte biblique qui seraient de la même façon, passées inaperçues?

Oui, tout à fait, et non des moindres! C'est au détour d'un texte historique, consacré à la mort du Roi Saül et son fils Jonathan, dans lequel est rapporté que David écrivit une élégie en hommage à son ami Jonathan, en inaugurant son poème par une invitation, (il faudrait dire une incitation), à l'apprentissage au tir à l'arc:

> 17 Voici le Cantique funèbre que David composa sur Saül et sur Jonathan, son fils,
> 18 dans lequel il ordonna d'enseigner aux enfants de Juda l'art du tir à l'arc: ceci est écrit dans le *Livre de la droiture.*

Texte devenu particulièrement célèbre au-delà des cercles biblistes, car l'un des versets de cette élégie est cité par Freud à plusieurs reprises[1].

---

l'histoire de la philosophie, Paulsen, 2023; Roger-Pol Droit et Yves Agid, *Je marche donc je pense*, Albin Michel, 2022; ainsi que Frédéric Gros, *Marcher, une philosophie*, Flammarion champs, essais, 2019.

1. Voir Théo Pfrimmer, *Freud et la Bible*, Puf, 1982, p. 80 *et sq.*

Si je vous suis, on a l'impression que David introduit dans son poème une mitsva, *un commandement supplémentaire, un 614ᵉ commandement au-delà des 613 commandements retenus par la tradition. Le commandement d'apprendre à tirer à l'arc ?*

Exactement ! Et c'est comme cela que les commentateurs l'ont compris même si officiellement ce 614ᵉ commandement a été oublié en route, bien qu'il reste certaines traces et certaines pratiques qui en sont la mémoire. C'est le cas par exemple des festivités de *Lag Ba'omèr*, une fête introduite tardivement dans le calendrier liturgique, qui tombe le 33ᵉ jour après la Pâques, le 18 Iyar, et qui commémore la fin d'une épidémie des élèves du célèbre Rabbi Aquiva et la lutte contre les Romains pendant la guerre judéo-romaine, dite « révolte de Bar-Kokhba » (132-135). Pendant cette fête on allume de grands feux et l'on sort dans les champs et les forêts pour tirer à l'arc. Petits et grands, maîtres et disciples s'adonnent à cette pratique de manière sérieuse et ludique, mais sans en avoir fait un sport officiel. La vie des rites est mystérieuse et qui nous dit que ce sport ne fleurira pas de manière intense dans les années à venir au sein des communautés juives en Israël et à travers le monde ?

On peut imaginer que les commentateurs se sont bien penchés sur la signification de cette pratique ?

Oui, je crois même avec passion. Pour une raison qui est d'abord d'ordre exégétique, et qui trouve son fondement dans un des jeux de mots dont j'ai évoqué l'existence précédemment.

Il s'agit de l'art de la *guematria*, c'est-à-dire de la valeur numérique. Chaque lettre en hébreu ayant une valeur numérique, chaque mot en possède aussi une, qui est la somme des valeurs de chaque lettre. (En fait il existe beaucoup de variantes, mais c'est la modalité la plus simple). Ainsi la valeur numérique de l'expression « arc et flèche », *qéchèt ve-hèts,* possède une valeur numérique de 904 qui est aussi celle de *darachta*, c'est-à-dire « tu enquêteras, tu interpréteras[1] », et de son anagramme *tidroch* qui signifie aussi, mais de manière encore plus impérative, « interprète, cherche, enquête[2] ». C'est comme si à chaque fois qu'un maître ou un étudiant répondait à cette exigence herméneutique, il tirait à l'arc, c'est-à-dire sans doute, qu'il portait le sens au-delà, au plus loin de lui-même, en de nouvelles compréhensions, explications et significations.

Différent du ballon qui évoquait plutôt l'échange et la confrontation des idées…

…et du partage ! Oui tout à fait. D'ailleurs ce champ lexical de l'étude, de l'interprétation et de la sagesse est renforcé par l'application de la valeur numérique au

1. Deutéronome 13, 15 ; 17, 4 et 17, 9. Voir aussi 2 Rois, 8, 8. Ainsi que II Chroniques 24, 6 et 25, 15.

2. Par exemple I Chroniques 28, 5.

mot *hèts*, la « flèche », 98, qui est aussi la valeur numérique du mot *ẖakhamékha* qui signifie « tes sages[1] », et celle du mot *laẖakham* qui signifie « pour le sage[2] ». Bien sûr ce sont des jeux de chiffres et de lettres mais cela ouvre des portes et invite à des réflexions dans lesquelles on ne se serait pas nécessairement engagés sans eux. Et quel plaisir de découvrir que cette valeur numérique, 98, est aussi celle du mot *gapé* que nous avons vu au tout début de notre entretien, un mot qui signifie le « corps » et les « ailes » en araméen, dans le verset du livre de Daniel 7, 4. « Ailes » dont on retrouve la présence dans un autre mot porté par le nombre 98, *vehaẖasida*, « et la cigogne », ouvrant notre imaginaire aux voyages et aux pays lointains, offrant à la flèche, un au-delà à sa puissance naturelle.

Mais ne trouve-t-on pas des mots liés à l'arc ou à la flèche, ou aux deux, dont la valeur numérique dit autre chose ?

Si bien sûr, et pour commencer tout un lexique lié à la guerre et au combat. Ainsi la valeur numérique du mot *hèts*, « la flèche », est précisément celle du mot *hatsava*, « l'armée[3] », des mots *hayalim*, « soldats[4] ».

1. Voir Isaïe 19, 12 et II Chroniques 2, 13-14.
2. Proverbes 16, 21.
3. Nombres 31, 21, par exemple.
4. I Chroniques 7, 5 par exemple.

Quelle interprétation choisir? Vers quelle constellation sémantique se tourner?

Parfois c'est la valeur numérique elle-même qui guide l'interprétation, ce qui est le cas ici puisque 98 est aussi la valeur numérique de *lehayim* qui signifie « à la vie », « pour la vie » : use de cette flèche pour la vie, pour qu'elle te porte, par une enquête, une recherche, au plus loin de toi-même, en un voyage sur le dos d'une cigogne qui te feras découvrir un trésor, *segoula*, qui est aussi, miracle oblige, un mot dont la valeur est de 98 !

Ce choix de la vie n'est-il pas au cœur de l'enseignement des textes de la tradition juive?

Oui, il existe un célèbre verset qui dit : « Tu choisiras la vie[1] ! » Je suis d'ailleurs heureux que vous ayez utilisé le terme d'enseignement car ce que je n'ai pas encore dit est que la personne qui tire à l'arc se dit en hébreu *moré*, c'est-à-dire le « maître », l'« enseignant ». Pour la langue hébraïque et la philosophie qui la sous-tend, le fondement de l'enseignement est le tir à l'arc. Si vous rencontrez dans un texte le mot *moré* ou *morim*, « maître » ou « maîtres[2] », et que vous ne connaissez pas le contexte vous ne pouvez pas savoir s'il s'agit d'enseignants ou d'archers ! Ce que l'on peut interpréter ainsi à la lumière de tout ce que nous venons de dire : un maître est quelqu'un qui permet à son élève d'aller le

1. Deutéronome 30, 19.
2. Voir Job 36, 22 et I Samuel 31, 3.

plus loin possible et même au-delà de tous les possibles, de réaliser ses rêves, un mot très présent dans notre constellation sémantique parce qu'équivalent lui aussi à 98 : « ton rêve », *halomekha.* Un maître est quelqu'un qui permet à ses élèves de réaliser leurs rêves sans en faire des rêveurs !

Notez que le verbe tirer à l'arc, *yara,* qui est le verbe qui a donné *moré,* le maître et l'archer, a donné aussi *horaa* qui veut dire « enseignement » et a aussi donné le mot le plus important du judaïsme, le mot *Tora* !

Les gestes du tir à l'arc sont-ils également pris en compte dans l'analyse qu'en font les exégètes ?

C'est une question essentielle ! De nombreux exégètes font remarquer que le fait de tirer la corde vers le cœur possède une symbolique centrale dans l'art du tir à l'arc. Plus on tire la corde vers son propre cœur, plus elle se tend et plus le tir est efficace ! C'est-à-dire sur le plan symbolique : plus l'élève rapproche la matière qu'il apprend du côté de son cœur, c'est-à-dire de son désir et de son plaisir, comme nous l'avons vu pour la marche, mieux il apprendra et plus cela lui sera profitable ! C'est d'ailleurs l'un des enseignements du Talmud à propos du verset des Psaumes : «Heureux l'homme qui trouve son plaisir dans la loi de l'Éternel[1] ? » Rabbi enseigne : « Un élève

1. Psaumes I, 2.

n'apprend vraiment bien qu'à partir des matières pour lesquelles son cœur a une attirance particulière[1]. »

J'ai d'ailleurs trouvé un autre rite qui va dans ce sens. À la synagogue, lors de la sortie de la Tora de l'arche sainte, on ouvre un rideau, souvent divisé en deux parties et une porte constituée de deux battants. Là encore le mouvement d'ouverture n'est pas seulement celui de la porte mais aussi celui du corps, mouvement qui, selon l'orientation que l'on donne aux bras, peut être assimilé à la tension de la corde du tir à l'arc.

À l'occasion d'une Bar-Mitsva à laquelle nous avons assisté à la synagogue, nous avons effectivement l'impression que le corps était très sollicité dans un enchaînement de plusieurs mouvements que l'on pourrait qualifier de « sportifs »...

---

1. Talmud de Babylone, *Avoda zara* 19a. L'enseignement est répété deux fois avec une petite variante, une fois au nom de Rabbi et une fois au nom de Rava. « Rabbi enseigne : un homme n'apprend la Tora que de l'endroit (*éla mimaqom*) pour lequel son cœur a une attirance », « Rava enseigne : un homme n'apprend la Tora qu'à l'endroit (*élà bamaqom*) pour lequel son cœur a une attirance. » La différence entre les deux maîtres est fondamentale. Pour Rabbi, il faut commencer par les matières qui attirent l'élève. Pour Rava, il faut essentiellement se concentrer sur ces matières. Une problématique pédagogique qui est toujours d'actualité et que le Talmud n'a pas tranchée, même si en général, on suit plutôt l'opinion de Rabbi plutôt que celle de Rava dont l'autorité est grande mais moindre, car d'une génération ultérieure.

C'est très juste et je m'en suis souvent fait la réflexion. En effet, après cette ouverture de l'arche sainte, on prend les rouleaux dans l'arche et on les donne à une autre personne qui les pose sur son cœur comme on le ferait avec un petit enfant que l'on porte dans ses bras. On retrouve d'ailleurs ici le mouvement de rapprochement vers le cœur que je viens d'évoquer. Puis la personne qui porte les rouleaux, qui sont très lourds en général, fait le tour de la synagogue pour présenter les rouleaux au public qui embrasse les rouleaux au passage du bout de leurs châles de prière, puis on pose les rouleaux sur la table où une autre personne ouvre les rouleaux pour les lever tel un haltérophile et montrer au public le passage qui sera lu à toute l'assemblée. Ainsi, on peut souligner que la lecture n'est jamais seulement une lecture des yeux, mais de tout le corps. Une lecture sportive qui inclut, au moins symboliquement mais pas seulement, le tir à l'arc, la marche et l'haltérophilie.

Un sport « télescopique »

Restons encore un peu sur le thème du tir à l'arc. En vous écoutant nous nous sommes souvenus d'un entretien, ici même, à l'Insep, qu'André Comte-Sponville nous avait accordé, au cours duquel fut longuement évoqué le tir à l'arc. Il insistait sur la distinction stoïcienne entre le skopos *(le « but ») et le* télos *(la « fin »). Que pensez-vous de cette distinction ?*

Je dois dire qu'à chaque fois que j'entends André Comte-Sponville, je suis ébloui par l'inventivité, la profondeur, la rigueur et la clarté de sa pensée. Et quand j'ai écouté l'entretien que vous avez eu tous les deux sur le sport, et en particulier le passage sur le tir à l'arc, je me suis écrié : « Génial ». Bref, j'ai beaucoup aimé et cela m'a fait beaucoup réfléchir car je me suis demandé si l'on pouvait, à partir de son commentaire, dire que le judaïsme, « un courant ou plusieurs courants du judaïsme », était stoïcien.

Ce qu'il dit dans cette distinction entre le *skopos* et le *télos*, c'est que le *skopos* c'est « le but », la cible et le *télos*, la fin, au sens de « la finalité » de ce que l'on vise quand on fait quelque chose, deux modalités différentes qui s'inscrivent dans deux temporalités différentes :

> La distinction entre le *skopos* (le but) et le *télos* (la fin), dit-il, fait apparaître deux manières de se rapporter au temps. Le but (*skopos*) est toujours à venir, il n'est jamais là. Une fois qu'il est atteint, ce n'est plus un but. La fin, au sens de la finalité, est toujours présente, toujours là.

Ce qu'il précise dans son *Éducation philosophique*[1] :

> L'important, dans l'action, ce n'est pas le but, mais l'action elle-même – laquelle, moralement parlant, est à soi-même sa propre fin.
>
> C'est à quoi aboutit la distinction, capitale dans le stoïcisme, entre le but (*skopos*) et la fin (*télos*). L'archer qui vise sa cible, il peut bien espérer l'atteindre, donc craindre de la manquer ; c'est sa part de faiblesse ou d'impuissance : le vent en dispose, et c'est en quoi toute réussite est de hasard. Peu importe. *L'excellence n'est pas d'atteindre la cible, mais de la viser bien* : de cela, rien ne me sépare, ni dans le temps (c'est tout à l'heure que la flèche atteindra ou non la cible, mais c'est maintenant que je la vise), ni dans l'espace (le vent peut m'empêcher d'atteindre la cible, là-bas, mais point, ici, de la viser bien). Telle est la fin de l'action, qui définit sa perfection interne : non pas atteindre la cible (cela n'est que son but, lequel n'est jamais donné ni présent quand je vise ou tire) mais viser et tirer bien, c'est-à-dire comme il faut, en tenant compte à la fois des règles et des circonstances – par exemple en tenant compte du vent. *La fin n'est donc pas autre chose que l'action : elle est l'action même, dans son excellence ou sa perfection.*

Cette citation, qu'il faut bien évidemment relire, résonne à la fois avec le texte biblique de Samuel et quelques textes clés du Talmud et en particulier de la

1. André COMTE-SPONVILLE, *Une éducation philosophique*, Puf, 1998.

Michna *Avot.* Des textes qui permettent d'évoquer la rencontre et la convergence entre la pensée juive du Talmud et le stoïcisme.

Vous voulez dire que les stoïciens ont inspiré la philosophie juive ?

Je parlerai plutôt de convergences. Certains textes du Talmud précèdent les penseurs du stoïcisme d'autres en sont contemporains ou ultérieurs. Je pense à un très bon article déjà ancien qui fait le point sur la question. On le doit à Armand Kaminka qui fut le traducteur des pensées de Marc-Aurèle en hébreu[1]. L'un des textes que cite Kaminka, et qui est dans l'esprit de tous les talmudistes, se trouve dans le premier chapitre des *Pirqué Avot* et suit immédiatement le texte cité sur le ballon et la transmission que j'ai évoqué plus haut :

> Antigone de Sokho, disciple de Chimôn le juste, disait : « Ne soyez pas comme des serviteurs qui servent leur maître afin de recevoir un salaire ; mais soyez comme des serviteurs qui servent leur maître sans en attendre de rémunération, et que la crainte de Dieu soit sur vous[2] ».

Voilà un texte anodin, dont la simplicité, à la limite d'une morale simpliste, fut rarement compris dans

1. Armand KAMINKA, *Les rapports entre le rabbinisme et la philosophie stoïcienne*, Revue des études juives, année 1926, p. 233-252.

2. Avot 1, 3, traduction de Rivon KRYGIER.

toute sa profondeur. Bien que son auteur, Antigone de Sokho, précède de beaucoup l'émergence du stoïcisme puisqu'il vécut au IIIe siècle avant notre ère, le sens de ses paroles est éclairé très finement par la morale stoïcienne et la distinction du *skopos* et du *télos*. Un texte du Talmud reprend ce texte du traité *Avot* et le met en relation avec le verset 1 du Psaume 112 : « Alléluia ! Heureux l'homme qui craint l'Éternel, qui prend grand plaisir à ses commandements ! » Verset que Rabbi Eléazar commente ainsi : « Qui prend plaisir dans ses commandements, et non dans la récompense que l'on pourrait recevoir en appliquant les commandements[1] ».

C'est en effet très éclairant et on retrouve aussi la notion du plaisir, celui de l'action faite pour elle-même, télos, et non en vue d'un but, celui de la récompense qui pourrait couronner l'action !

Oui c'est tout l'apport du commentaire du Talmud par rapport à l'enseignement de la Michna *Avot* qui ne parle pas de plaisir, ce que nous appelons bonheur que l'on doit entendre ici comme « bonne-heure ». Le bonheur est l'action qui est faite pour elle-même, *télos*, sans anticiper un autre but qu'elle-même, *skopos*. Cette importance de l'instant, de l'urgence du moment présent, de la bonne-heure et donc du bonheur est ce que dit un autre maître dans le même traité.

1. Talmud, traité *Avoda zara* 19a.

Hillel, dont les sentences ont été rapprochées de celles de Sénèque et Marc-Aurèle, qui sont plus tardifs, disait encore :

« Si je ne suis pour moi, qui le sera ? Mais quand je suis pour moi, que suis-je ? Et si ce n'est maintenant, quand le ferais-je ? »

Si ce n'est maintenant, « quand ? » est une belle formule ! Nous nous demandions en vous écoutant, si la question de l'arc et des flèches était encore présente, ne serait-ce qu'en filigrane dans les textes que vous avez cités ?

C'est une belle question ! Je crois que le verset du Psaume 112 ouvre une piste intéressante : Suivant la traduction du rabbinat nous avons traduit *Heureux l'homme qui craint l'Éternel, qui prend grand plaisir à ses commandements !* ce qui nous a permis de parler de bonheur ; mais le texte hébraïque peut se traduire un peu différemment *Alléluia ! Heureux l'homme qui craint l'Éternel, qui désire ses commandements !*

Qui prend un grand plaisir ou *qui désire* ce n'est pas la même chose, mais laissons les traducteurs choisirent leur traduction. Dans tous les cas le mot hébreu qu'ils traduisent est le verbe *hafèts* et a la particularité, selon une certaine lecture qui met en avant les lettres frontières du mot, la première et la dernière, de se lire *hèts pé* ou *hèts po* c'est-à-dire littéralement, « la bouche qui parle de la flèche » ou la « flèche qui est ici ». Entendons, le désir est le désir de la flèche qui est ici, que je considère avant tout, ici dans mes mains, sans anticiper la cible, *télos* et non *skopos.*

Votre remarque évoque la traduction et les traducteurs. Dans la théorie de la traduction, on parle de texte source et de texte cible, comme une sorte d'emprunt au tir à l'arc !

Vous avez entièrement raison et je ne crois pas que cela soit par hasard ! Il faudrait sans doute creuser la question du lexique de la traductologie. Mais ce qui est extraordinaire, dans notre contexte, c'est que ces dernières années, certains théoriciens de la traduction, Reiss, Vermeer, Manttari et Nord, ont pensé la traduction au sein d'une nouvelle approche qu'ils ont nommé *Skopostheorie* :

> Une théorie de la traduction qui s'inscrit dans la mouvance fonctionnaliste et selon laquelle le *skopos* ou la finalité de l'acte traductionnel constitue le principe primaire de prise de décision. Chaque projet de traduction y exige une analyse préalable de la fonction assignée au texte d'arrivée qui n'a pas nécessairement la même finalité que son original. Le statut du texte de départ y demeure donc relatif à la finalité du *texte cible* établie préalablement par le traducteur, au besoin avec le donneur d'ouvrage, suivant le contexte de communication qui sera le sien et suivant l'usage et les usagers auxquels il est destiné[1].

---

1. REISS K., VERMEER, H. J., NORD, C., & DUDENHÖFER, M., *Towards a General Theory of Translational Action : Skopos*

J'aimerais dire, que ce soit dans le sport ou la traduction ou toute autre activité humaine, qu'il est possible de combiner à la fois le *télos* et le *skopos*, ne serait-ce que pour avoir le plaisir de faire un jeu de mots et dire qu'*in fine* nous sommes en face d'une modalité de l'être humain que l'on pourrait dire « télescopique » ou, peut-être, « télos-scopique » !

Merci pour toutes ces ouvertures et cette dernière touche d'humour ! Passons si vous le voulez bien, après le ballon et le tir à l'arc, à une dimension plus générale du sport, sa place dans la politique des communautés juives modernes, en Europe et dans la construction de l'État d'Israël.

Allons-y !

La dimension politique du sport

Au Congrès juif mondial de 1898, Max Nordau, bras droit de Herzl (fondateur du mouvement sioniste), exprimait le désir de créer une « communauté juive musclée », ce qui participa à encourager la création de clubs sportifs juifs un peu partout en Europe. Que vous inspire ce phénomène ? Doit-on y voir une invitation pour la communauté juive à se redresser après des siècles et des siècles d'oppression ?

Theory Explained, London : Routledge Taylor & Francis Group, 2015.

Vous évoquez le sionisme. Un mot pas toujours compris et dont l'usage est souvent à contresens. Pourquoi le sionisme est-il né ? En 70 de notre ère, à l'époque plus ou moins des maîtres de la Michna que j'ai évoquée plus haut, les Romains, après une guerre longue et épuisante contre la province de Judée qu'ils contrôlaient à l'époque, détruisirent le Temple de Jérusalem, exilèrent et déportèrent (c'est l'expression utilisée à l'époque) une grande partie des Judéens à Rome. Les Judéens perdirent alors leur autonomie politique, culturelle et civilisationnelle et furent réduits à leur seule religion. En suivant les armées romaines, de nombreux juifs remontèrent la vallée du Rhône, et s'installèrent dans toute l'Europe, la Gaule, les pays germaniques, en Angleterre, et la péninsule ibérique d'où ils furent expulsés beaucoup plus tard en 1492. Les Judéens, juifs en français, subirent de nombreuses expulsions à travers les siècles, se déplaçant alors de pays en pays, élargissant l'aire géographique de la diaspora juive à tout le bassin méditerranéen et à toute l'Europe centrale et orientale. On dénombre cinq cent mille juifs en Pologne en 1648 avant qu'un cosaque du nom de Khmelnytskyï en tue deux cent cinquante mille, soit la moitié du peuple juif polonais de l'époque. C'est à ce moment-là que l'idée d'une terre de refuge, celle des ancêtres, commença à revenir avec force sur le devant de la scène politique en une aspiration d'un retour à Sion, d'où le nom de « sionisme » ! Une aspiration qui avait toujours été présente, dans les textes et les esprits, concrétisée dans la célèbre formule prononcée à la fin du repas pascal de chaque année : « L'année prochaine à Jérusalem », *le chana haba birouchalayim* !

En 1665, une première tentative qui constitua le premier grand mouvement sioniste, eut lieu avec Sabbataï Tsvi qui donna aux juifs du monde entier l'espoir d'un retour en Terre d'Israël pour échapper aux massacres incessants. Il est intéressant de noter, pour souligner l'ampleur du phénomène, que la gazette d'Amsterdam fit sa Une concernant l'affrètement de bateaux pour le retour des juifs en Terre sainte. L'entreprise tourna court car Sabbataï Tsvi se fit arrêter par le sultan de Constantinople qui l'obligea à se convertir à l'islam pour échapper à la mort. Ce grand mouvement ne prit fin qu'en surface car de nombreux disciples de Sabbataï Tsvi considérèrent que le mouvement devait être continué et que la conversion de leur leader n'était qu'une stratégie pour permettre la poursuite du projet sioniste jusqu'à son terme. Ainsi, si le messianisme officiel fut anéanti, il resta quelques mouvements souterrains qui survécurent et se modifièrent en d'autres mouvements dont sans doute, selon les historiens, le grand mouvement du Hassidisme initié en Podolie par le Baal Chem Tov au milieu du XVIIIe siècle et qui essaima dans toute l'Europe centrale et orientale.

C'est encore et toujours l'antisémitisme qui, à la fin du XIXe siècle et au début du XXe siècle, fut à l'origine de terribles *pogroms* en Russie et Ukraine et donna le coup d'envoi à la création officielle du mouvement sioniste lors du congrès de Bâle de 1896 sous l'impulsion de Théodor Herzl. Un journaliste viennois, homme politique visionnaire !

C'est aussi toutes ces violences sans fin, ces humiliations et ségrégations qui donnèrent le désir et la force à des millions de juifs de cette Europe qui ne voulait pas de leur présence, de prendre le chemin de l'Amérique. L'histoire est connue et la littérature sur le sujet est très importante ! C'est ainsi que le mouvement sioniste s'organisa comme mouvement politique pour résister à ces massacres continus perpétrés entre autres par les cosaques et de nombreuses factions hostiles aux juifs.

Le sionisme moderne né de cette volonté de trouver une terre de refuge n'a pas tout de suite pensé à l'installation des Juifs sur la Terre d'Israël ?

Oui c'est juste ! Parmi les premières propositions figurait l'Argentine, Madagascar ou l'Ouganda qui était la préférence d'Herzl.

Au-delà du problème du choix du lieu, on comprend que pour échapper à cette violence permanente, ces humiliations et ségrégations diverses, c'est important d'y insister même si je viens de le dire, le sionisme voulut créer un nouveau judaïsme et un *juif nouveau* qui redresserait la tête et retrouverait sa dignité. C'est le sens des paroles de Nordau invitant les juifs à « se muscler » que vous avez évoqué.

Il y eut alors la création de mouvements sportifs très importants au sein des communautés juives de la diaspora...

Oui, et au sein du futur État d'Israël. Des institutions sportives de qualité virent le jour, mais cela prit du temps pour se mettre en place ! Les fondations pour la création d'une institution juive du sport furent posées lors du quatrième congrès sioniste mondial à Bâle en 1903 mais il fallut attendre 1921, le 12e congrès juif mondial à Karlovy Vary en Tchécoslovaquie, pour que soit créé officiellement le *Maccabi World Union*. Fut décidé alors de regrouper toutes les associations sportives juives déjà existantes, fort nombreuses, afin de « favoriser de développement de la culture juive – à la fois physique et spirituelle. » Dès 1932, eurent lieu les premières *Maccabiades*. En 1960, le Comité International Olympique a officiellement reconnu le *Maccabi* comme une « Organisation de statut olympique ».

Herzl et la philosophie du vélo

Herzl, fondateur du mouvement sioniste moderne, mourut trop tôt pour connaître toute cette effervescence du monde sportif juif !

Oui, c'est juste puisqu'il mourut en 1904, mais comme je l'ai dit, les fondations de ces institutions furent posées de son vivant en 1903, lors du quatrième congrès sioniste mondial à Bâle.

Mais si Herzl est important pour le monde sportif juif, c'est aussi parce qu'il donna une place privilégiée au sport cycliste. Le vélo était pour lui un signe de la plus grande modernité et il consacra à la bicyclette un très long article paru dans le *Neuen Freien Presse* de novembre 1896. Une photo célèbre montre Herzl à vélo. Le vélo qu'il pratiquait intensivement, faisait pour lui partie symboliquement du sionisme.

Retrouve-t-on dans le mot « vélo » ou « bicyclette » des allusions philosophiques ou symboliques, comme nous l'avons vu à propos des jeux de ballon ou du tir à l'arc ?

La question est légitime et la réponse semble moins évidente que pour deux autres sports cités car le vélo, bien évidemment, n'existait pas à l'époque biblique. Pour les pères fondateurs du sionisme et des institutions sportives au sein des communautés juives, le vélo était la fois une invention moderne, technique, mais aussi un défi linguistique. Comment nommer cette machine ?

Dès 1904, Éliézer Ben-Yehuda fait figurer le mot dans son dictionnaire de la langue hébraïque moderne. Il propose *ofenayim* qui sera prononcé plus tard et jusqu'à aujourd'hui *ofanayim*. L'origine de ce mot se trouve dans le texte biblique sous la forme *ofèn* et *ofanim* signifiant la roue, les roues, termes rencontrés dans le contexte des chars de guerre, des *charrettes*, des chariots de transport, et dans le char céleste décrit par Ézéchiel. Comme en hébreu il existe un pluriel et un duel, les roues se disent *ofanim*, et les deux roues *ofenayim* ou *ofanayim.* Choix judicieux car ces termes désignent aussi une catégorie d'anges que l'on suppose aller très vite et qui relient par leur trajet quotidien le ciel et la terre. Il n'en fallait pas plus pour donner à la bicyclette toutes ses lettres de noblesse et un imaginaire céleste, à la fois de vitesse et d'élévation !

On peut penser aussi à l'idée de liberté ?

Oui, c'est ce qu'évoque Herzl dans son article. Mais le passage par les anges donne à cette liberté une envergure métaphysique qui n'est pas négligeable. Les ailes de la liberté qu'offre le vélo seront toujours présentes inconsciemment dans l'esprit des cyclistes qui courent, roulent et volent à la vitesse du vent !

Liberté et vacances aussi !

On pourrait rajouter aussi le mot « amour », *Vélo* n'est-il pas l'anagramme de *Love* ? Et on pense bien sûr à cette chanson chantée par Yves Montand sur des paroles de Pierre Barouh et une musique de Francis Lai, « La bicyclette ». Tous les ingrédients y sont : les ailes du désir et le courage de déclarer sa flamme ! Et les souvenirs d'un enfant caché pendant la guerre parce qu'il était juif !

Il est intéressant de noter, à la suite de George Steiner, que c'est en Autriche, en 1906, qu'un premier club de loisir se vantait d'être « épuré de tout Juif ». Une des premières mesures antisémites contemporaines dans le monde germanique.

Oui, la coïncidence mérite d'être signalée, mais c'est dans tous les sports, ainsi que dans de nombreuses activités sociales et commerciales, que très vite les juifs furent exclus, de la même façon qu'ils étaient soumis à un *numerus clausus* dans les différentes universités de l'Empire austro-hongrois de ce début du XXe siècle. Et en France l'affaire Dreyfus n'était pas loin[1] !

Mais vous avez raison, très vite le vélo est devenu, grâce à Herzl et au sionisme, non seulement un signe de liberté mais de liberté pour les juifs, signifiant leur autonomie et leur victoire symbolique sur l'antisémitisme ambiant de cette Europe dans ces années de la fin du XIXe siècle et du début du XXe. Les institutions du mouvement sioniste s'en souviendront, en particulier le KKL, le *Keren Kayémèt Leyisrael*, dont le rôle était le développement de la terre d'Israël, plantation d'arbres, etc., qui très tôt fit ses campagnes de publicité avec une représentation de cyclistes parcourant à bicyclette les chemins, comme dans la chanson…

Il est intéressant, d'ailleurs, de noter qu'Israël possède aujourd'hui une équipe qui court dans le Tour de France.

---

1. On oublie d'ailleurs, et c'est préjudiciable, que l'affaire Dreyfus contribua au fait qu'Herzl décida d'écrire *L'état des juifs* !

L'homme se définit par le surpassement

Le sport dont nous venons de parler n'est pas, par essence, associé à la compétition ou à la rivalité. Il s'agit plus d'un sport « avec » qu'un sport « contre ». Que vous inspire cette évolution contemporaine du sport où la compétition est devenue la norme, la référence ?

Je crois que la question n'est pas celle du « avec » ou du « contre » mais celle du dépassement de soi. La victoire est une façon de prouver que l'on est capable de se dépasser. En hébreu l'homme, *adam,* mot passé dans le langage occidental, s'écrit *aleph daleth mem.* L'une de ses anagrammes est *méod* (*mem aleph daleth*) et signifie, « beaucoup », « plus » ou « encore ». L'homme, ce n'est pas ce qui *est* mais ce qui peut être mieux que ce qui est ! *Méodité,* pourrait-on dire, un mot hybride que j'ai créé à partir de l'hébreu *méod* et du français. Le plus être, l'autrement qu'être, au-delà de l'essence, dirait Levinas. C'est le surpassement de soi. C'est le « surhomme » de Nietzsche avant qu'il ne soit interprété de manière raciale par les nazis. L'homme a cette qualité et cette capacité à se surpasser de façon permanente. C'est la *méodité* contre la *médiocrité.* La médiocrité n'est pas une situation négative en soi. Elle surgit à partir du moment où l'on reste ce que l'on est, sans se modifier, sans évoluer en mieux, en plus, à partir du moment où l'on oublie le *méod* dans le *adam* ! L'humanité de l'homme, c'est la possibilité de s'inventer constamment, ailleurs, autrement, en mieux, et le sport en est le rappel permanent !

De facto, je ne fais pas du sport pour battre l'autre, mais je m'inscris dans l'émulation de la confrontation avec l'autre pour me surpasser moi-même. Le sport ici n'est pas agonistique ou s'il l'est, c'est contre soi-même, pour ouvrir la porte à sa propre transcendance. La performance s'inscrit dans la définition même de l'humain. En ce sens le judaïsme, par le sport, vise l'excellence !

Le sport d'une certaine manière, n'est pas simplement un jeu sportif, c'est la mise à l'épreuve d'une qualité ontologique de l'humain comme *être à être*, qui se surpasse en permanence. Comme aimait à le dire André Neher, « la perfection de l'homme c'est sa perfectibilité » !

Entretien avec
Emmanuel Falque

CECI EST MON SPORT

On ne prendra pas la formule « Ceci est mon sport » pour une expression impie, et encore moins sacrilège[1]. Tout à l'inverse, c'est précisément parce que le « ceci est mon corps » du chrétien peut éclairer le « ceci est mon sport » du sportif, qu'il y a, y compris pour aujourd'hui, un lien au moins culturel entre l'exercice chrétien et la pratique sportive. Tout est affaire de « corps » dans le christianisme – Incarnation, Eucharistie, Résurrection – comme tout est question de « corps » dans le monde sportif. Mieux, la pratique chrétienne du « don du corps » sur la table de l'autel (*Ceci est mon corps*), peut aussi rendre raison du « jusqu'au bout du corps » sur la piste athlétique (Ceci est mon sport). Saint Paul, on le sait, était lui-même un marathonien. Et tout tend d'abord, dans le christianisme aussi, vers la victoire : « J'ai combattu le bon combat, j'ai achevé la course, j'ai gardé la foi », écrit-il à son disciple Thimothée (2 Tim 4, 7). C'est donc à interroger aussi la tradition chrétienne, que l'on verra et que l'on comprendra, combien le « ceci est mon

1. Entretien à visionner sur YouTube *Homo ludens, Falque, Ceci est mon sport* : version écrite de l'interview revue par l'auteur.

corps» de l'Eucharistie peut éclairer analogiquement le «ceci est mon sport» de l'olympisme.

Pratiquer la philosophie en sportif

Emmanuel Falque, le fait d'être à la fois philosophe et théologien ne vous empêche pas d'être un spectateur assidu des événements sportifs. Vous vous tenez même informé chaque jour de leur déroulement. C'est un peu, dans les mots d'Hegel, votre prière du matin…

Je dois reconnaître que depuis ma plus tendre enfance, je suis un passionné de sport. Lecteur du journal l'*Équipe* au moins aux grandes occasions, je ne manque jamais les émissions quotidiennes de sport (le fameux TLS ou «Tout le sport» pour les initiés, ainsi que *Stade 2* bien sûr). J'ai moi-même pratiqué de très nombreux sports dans ma jeunesse, dont le tennis, le football, le handball, et surtout le ping-pong (en championnats). Sans oublier le skateboard que je pratiquais presque à temps plein, avec beaucoup plus de passion que les cours donnés à l'école d'ailleurs. Et aujourd'hui encore, j'enfourche au moins une fois par semaine mon «vélo tout-terrain» pour traverser la campagne et autrement philosopher.

Mais je ne suis pas simplement un amateur de sport. *Ma vie, c'est du sport*! Cela en étonnera certains, mais je n'étais pas très bon scolairement, et même plutôt mauvais. Mes anciens bulletins scolaires en témoignent de façon patente… Je n'ai pas, ou plus, honte de l'avouer. Je suis loin du philosophe studieux. Pour moi, le skateboard avait remplacé le Gaffiot (dictionnaire latin incontournable des premiers de classe). Plutôt en queue de peloton dans les disciplines scolaires (excepté la philosophie quand je l'ai enfin rencontrée), j'occupais toujours la tête en matière de sport. Voilà qui contrastait avec bon nombre de mes collègues philosophes pour qui le sport était souvent la « bête noire ». Je me souviens de mon père qui me conduisait le matin à l'école, notamment en classe de 4e où j'arrivais à 7 h 30 pour une heure de ping-pong avec mon entraîneur – ce qui m'a conduit en finale des Championnats de Paris.

Ce qui compte en effet dans le sport n'est pas seulement le sport lui-même, mais l'apprentissage que l'on fait par lui. Dire « ma vie c'est du sport », c'est alors aussi *pratiquer la philosophie en sportif.* Quand je dois écrire un livre, je pars dans une maison familiale en Dordogne, et là je me prépare comme un sportif se préparerait à sa compétition. Tout est longuement pensé à l'avance : les plans, les caisses de livres, l'ordinateur, etc. Et arrivé sur place (souvent dans la solitude), le marathon commence, une course de fond certes, mais aussi avec des sprints. Presque en tenue de sportif, il m'arrive alors d'écrire jour et nuit, dans une tension de l'écriture que le lecteur pourra aussi retrouver dans la lecture. Comme je le dis souvent à mes étudiants : « Si vous vous ennuyez en écrivant, on s'ennuiera en vous lisant ».

Écrire un livre, ou faire une thèse, c'est tendre vers la victoire comme un sportif, non pas pour écraser les autres, mais pour se dépasser soi-même. C'est pourquoi les philosophes ne devront pas se détourner des Jeux olympiques. Ils apprendront davantage en trois semaines qu'ils ne le feraient en trois mois. Et surtout, ils retourneront à leur table de travail avec le désir d'atteindre le terme, et de faire le meilleur score. Pas de pensée sans désir. La chose va de soi pour la vie sportive. Mais elle devrait l'être aussi pour la vie intellectuelle.

Pour le dire avec Martin Heidegger, il faut considérer le sport comme un *existential*, c'est-à-dire un mode d'existence ou une manière de vivre qui peut servir de modèle à ma vie. Il n'y a pas que l'angoisse de la mort, il y a aussi le désir de la vie, ou de la survie. Et c'est cela que nous apprend aussi le sport. Je me souviens, alors que j'écrivais l'ouvrage *Hors phénomène* sur le trauma, je suivais chaque jour le *live* de la course nautique en solitaire du Vendée Globe. Et alors que je n'en pouvais plus de fatigue, et aussi de tension pour puiser au plus profond de moi cela même que l'on a à dire, je voyais Clarisse Cremer, elle aussi en solitaire, du haut de son mât, réparer une avarie. Elle aussi était à bout, mais elle n'a rien lâché. Il fallait que je me mette à son école. Chaque chapitre que j'écrivais devenait alors pour moi le passage d'un nouveau cap.

Si je comprends bien, vous vous définissez vous-même comme un sportif. Vous êtes en quelque sorte un athlète de l'esprit…

Il est vrai que je pense l'exercice intellectuel comme un exercice physique. Pierre Hadot, un philosophe qui a beaucoup écrit sur l'Antiquité, a très bien souligné et analysé ce rapport entre l'*exercice spirituel* et la *philosophie antique*. Pour les Grecs, la pensée et la philosophie, c'était du sport. On est très loin de notre intellectualisme moderne où la pensée croit seulement se tenir sous un crâne, alors qu'elle devrait plutôt transpirer par tous les pores de notre peau. Socrate et Sénèque furent, dit-on, des marathoniens. Le nom de Platon, dont le nom signifie en grec « épaules larges », fait référence à la lutte. Aristote était nommé le « péripatéticien » parce qu'il enseignait « en marchant » dans le Lycée. Et Nietzsche lui-même nous rappelle que l'on n'a jamais trouvé aucune idée en restant « le cul sur sa chaise » (*sic.*), et qu'il vaut mieux préférer le grand air des hauteurs de Sils Maria si l'on veut qu'une véritable inspiration vienne à nous. La philosophie est un « sport d'extérieur », et non pas simplement un « sport d'intérieur ». On la pratique certes le plus souvent en salle. Mais aux beaux jours, il faut savoir sortir et concourir dehors.

Je prends donc volontiers à mon compte ce trait d'*athlète de l'esprit* dont vous m'affublez. Pour tout dire, mes pensées, ou plutôt mes idées, ne me sont jamais venues dans une bibliothèque. La bibliothèque pour le philosophe, c'est un peu comme la salle de sport pour le sportif. On y fait du gainage, de la musculation, du vélo ou du rameur (il faut bien aussi entraîner le « muscle de l'esprit » et se confronter à d'autres comme on joue un match avec des auteurs). Mais ce n'est pas là la compétition. L'entraînement y prépare, mais ne s'y substitue pas. Les pensées les plus profondes viennent à vélo ou en marchant, voire sous la douche comme le sportif qui entre aussi dans le temps de la détente après l'effort. C'est pourquoi le philosophe devra toujours avoir son carnet à portée de main, comme le sportif sa montre qui indique son temps ou sa pulsation cardiaque. C'est en notant régulièrement les temps du corps, comme ceux de la pensée, que se font les records. Les vraies médailles en philosophie ne sont pas celles que délivrent les Académies, qui sont le plus souvent dispensées dans cet « entre-soi » du jeu politique subtil de reconnaissance qui n'a parfois rien à voir avec l'œuvre. Un auteur monte sur le podium non pas uniquement parce que d'autres l'ont déclaré comme « le plus fort ». Mais parce qu'il a effectivement « fait la course », comme on dit, et qu'il a passé la ligne le premier. Seul le lecteur est le juge véritable de la récompense. C'est à la transformation qu'il éprouvera en lisant le livre, que se mesurera le bien-fondé d'une écriture qui s'est vraiment donnée. Le reste n'est qu'apparence, et mieux vaut ne pas y penser.

Vous dites qu'écrire, c'est faire du sport. Faut-il en conclure que vous écrivez vos livres comme on joue un match ?

Tout à fait. Penser, philosopher, et même écrire, c'est gagner, ou tout au moins ne pas perdre. L'auteur ne joue pas devant ses lecteurs seulement, mais aussi pour lui-même et avec lui-même. Il peut être déçu ou fier de sa propre performance. Et cela, il le sait mieux que tout autre. Le plus grand danger, comme il en est d'ailleurs de toute sphère publique, est de trop regarder la manière dont on est regardé. De nombreux sportifs, comme aussi de nombreux auteurs et écrivains, se perdent eux-mêmes à mesurer leur réussite à leur seule audience. Et les réseaux sociaux n'y aident pas, en matière publicitaire pour ce qui est d'un livre, ou en rentabilité pour les sponsors pour ce qui est du sport. C'est dans la « vie cachée » que se conquièrent les véritables victoires. J'aime voir les sportifs à l'entraînement, eux qui, chaque jour, répètent les mêmes gestes en vue d'un seul objectif : gagner. Mais aussi « aller au bout de soi ».

Il y a une dimension de gratuité dans le sport comme il doit y avoir aussi une dimension de gratuité dans l'écriture. Les choses arrivent non pas uniquement parce qu'on les a bien préparées, mais aussi parce qu'elles tombent au bon moment, ou plutôt en cela, qu'on sait saisir le moment. Il faut avoir le sens du *kaïros*, comme dit Aristote dans l'*Éthique à Nicomaque*, c'est-à-dire du « temps opportun ». « Agir *quand* il faut, dans *le cas* où il le faut et à l'égard de *qui* il faut, en vue de *la fin* qu'il faut et de *la manière* qu'il faut» (II, 5, 1106 b 21-23). On réussira donc sa course en sportif, comme on saisira des idées quand elles viennent en philosophe. Il faut être attentif et prêt au bon moment. Les idées, ce sont comme « des colombes qu'il faut attraper dans le colombier », ou l'art « d'avoir en main ce que, de longue date, on possédait », comme le souligne cette fois Platon dans le *Théétète* (198d). Il faut alors saisir les idées *quand* elles arrivent, le plus souvent *comme* elles arrivent, car la première intuition est souvent la bonne.

Être sportif sur le mode de l'intelligence, c'est parfois vivre sa course, tendu vers la ligne d'arrivée (écriture), mais aussi parfois savoir se relâcher pour ne pas se crisper (accueil des idées). Il n'y a pas d'un côté les intellectuels qui pensent et ne bougent pas, et de l'autre les sportifs qui bougent et ne pensent pas. Tout cela est très caricatural, même s'il ne suffit peut-être pas de regarder le sport à la télévision, aux Jeux olympiques par exemple, pour se dire et se croire sportif. Mais ce serait déjà beaucoup, au moins pour certains philosophes, de ne pas dénigrer le sport. Et ils sont étonnamment légion, parmi ceux que je connais, les philosophes qui sont aussi férus de sport : « La joie d'apprendre est aussi indispensable aux études que la respiration aux coureurs », disait Simone Weil dans l'*Attente de Dieu*.

***

DES MÉDITATIONS SPORTIVES

Vous avez proposé de placer cet entretien sous le signe de la « méditation », à la manière cartésienne. Des « méditations philosophiques » qui seraient comme des « méditations sportives »...

Vous avez raison de le souligner. Toute méditation, même spirituelle ou philosophique, est aussi une « méditation sportive ». Comme dans les *Méditations métaphysiques* de Descartes (1641) où il y a un commencement de la course – le doute – et une fin – retrouver le monde. Il y a des exercices, par exemple le doute hyperbolique qui exige d'étendre le doute ou de douter toutes les fois dès lors qu'on a douté une fois. Il y a des sommets et des passages obligés : par exemple la découverte du *cogito* ou du « je pense donc je suis » qui donne une certitude à ma propre existence. Et on doit même s'appuyer sur une équipe : il y a ceux qui me poussent à bout dans mes derniers retranchements comme le « malin génie » ou le « Dieu trompeur », et ceux qui me soutiennent lorsque je succombe et lorsque l'évidence d'un jour doit devenir l'évidence de toujours ou la certitude. C'est là le rôle du « Dieu garant de la connaissance ». Bref, il y a du « sportif » y compris dans les étapes d'une œuvre philosophique. On raconte d'ailleurs que Descartes lui-même a gagné bien des duels, défiant ses adversaires à l'épée. Bref, un escrimeur hors pair, comme il en est encore aujourd'hui dans l'équipe de France.

Les sportifs le savent, mais les philosophes aussi. Les victoires se forgent toujours d'abord *en soi-même*, et c'est après seulement qu'elles s'offrent aussi à autrui ou au public. Nombreux sont celles et ceux qui se perdent dans la « reconnaissance », ou la cherchent de façon incessante voire maladive. C'est là que les performances baissent, parce qu'il est toujours plus facile de se tourner vers l'extérieur (di-version) que de retourner vers soi (con-version). C'est vrai des philosophes, et c'est vrai aussi des sportifs. Mais le sportif, contrairement au philosophe, ne peut pas mentir. Car son corps parle d'abord, et la performance saute aux yeux. Il l'a fait, ou il ne l'a pas fait. Le philosophe, ou celui qui se croit tel, peut se disperser en émissions de radio ou de télévision, écrire des livres faciles, chercher l'approbation du grand public, etc. On le croira, ou il se croira, philosophe. Mais l'histoire ne retiendra rien de lui. Le prestige ne fait pas une œuvre. C'est même souvent l'inverse qui se produit.

Méditer, c'est ainsi s'exercer, prêter son corps et son âme à l'objet contemplé, ainsi qu'Ignace de Loyola l'a parfaitement vu et compris dans ses *Exercices spirituels*. Les *Méditations* de Descartes proviennent dans leur forme des « *méditations* », ou des *Exercices*, du fondateur de la compagnie de Jésus. Chaque jour un exercice, qu'il s'agisse par exemple de douter de tout et de découvrir le cogito (Descartes), ou encore de s'ouvrir à l'amour de Dieu et de s'orienter vers un choix (Ignace) : « De même que se promener, marcher et courir sont des *exercices corporels* », souligne le saint patron des Jésuites à l'ouverture de son traité, « de même appelle-t-on *exercices spirituels* toute manière de préparer et de disposer l'âme […] pour trouver la volonté divine dans la disposition de sa vie en vue du salut de son âme » (Première annotation).

Et pour parler des *méditations sportives*, qui ne sont pas seulement des *Méditations métaphysiques*, ou qui plutôt en donnent leur sens, je dirai même que la question du corps est ce qui doit orienter tout notre être, davantage que la pensée. « L'âme est plus aisée à connaître que le corps », disait Descartes. Le plus facile à atteindre est donc l'âme, et le plus difficile à assumer est le corps. Le corps nous résiste, davantage que l'âme. Et le sportif en a une parfaite connaissance. Il n'y a finalement rien de plus facile que de dire « je pense donc je suis » : il suffit de se penser pensant, et de se dire qu'il faut bien un être pensant même lorsqu'il doute de tout, et y compris de sa propre pensée. En revanche, dire que « j'ai un corps », ou plus encore « je suis mon corps », est beaucoup plus difficile à penser et surtout à vivre. Chaque entraînement du sportif, qui tous les jours remet sur le métier tel ou tel exercice corporel, le montre. Le corps doit répéter, s'exercer, se transformer, sans aucun accès direct à soi contrairement à la pensée. Je sais d'un clin d'œil que je suis un être pensant, mais il faut des années pour faire de moi un sportif. Descartes lui-même en quelque sorte le savait. La *Sixième Méditation métaphysique* qui cherche à retrouver le corps est probablement plus difficile à atteindre et à construire que la *Deuxième Méditation métaphysique* qui découvre l'évidence du cogito. Du corps à l'âme, et non pas seulement de l'âme au corps, telle est la véritable difficulté. Nous sommes un tout : corps et âme. Il faut donc tout englober dans la philosophie comme dans le sport, et même être capable d'aller d'une discipline à l'autre.

Passer les frontières

En parcourant vos livres, on voit en effet que « passer les frontières » est chez vous un souci constant. Vous avez d'ailleurs écrit un ouvrage intitulé Passer le Rubicon. *Quel sens a cette image appliquée au sport et plus généralement à la philosophie et à la théologie ?*

Chacun de nous possède un petit côté « César » en lui. Non pas qu'il faille devenir maître du monde, mais en cela que c'est en passant les frontières que l'on fera tomber les barrières. César a franchi le Rubicon, ce petit fleuve de l'Émilie-Romagne dont le passage était interdit par les règles du Sénat romain, et plus tard il est devenu empereur. Le sportif, comme le philosophe, ne devra donc pas s'en tenir à son seul domaine ou défendre son pré carré. Les meilleurs sportifs sont toujours ceux qui pratiquent plusieurs sports, comme les meilleurs philosophes sont ceux qui couvrent et traversent plusieurs disciplines.

Nous avons déjà passé le Rubicon entre philosophie et théologie, puis entre philosophie et psychanalyse. Il nous faut donc maintenant le passer entre philosophie et sport. C'est une *traversée* que nous devrons ici opérer avec vous dans les deux sens. Non pas seulement comment la philosophie peut interroger le sport – bien des philosophes font de grands discours sur le sport – mais aussi et surtout comment le sport peut interroger la philosophie ? Cette question est plus originale, mais aussi plus difficile. Elle évitera en outre au philosophe de « donner des leçons » aux sportifs, comme il le fait bien souvent, mais plutôt de recevoir d'eux comment la philosophie est elle-même un sport.

Le corps du sportif, par exemple, n'est pas uniquement le « vécu de son corps » – comme y insiste peut-être un peu trop la phénoménologie contemporaine – mais aussi un « corps véritable » avec toute sa dimension physique et biologique si importante dans l'entraînement, la préparation, la tenue dans l'effort, la performance, etc. Ce n'est pas non plus une « lutte » ou une « guerre », mais un dépassement de soi-même. Tel est ce que le sportif peut aussi apprendre au philosophe. Il n'y a pas en réalité de vie sans conflit, nous y reviendrons plus tard, si l'on entend par conflit non pas l'écrasement de l'autre, mais le dépassement de soi-même en s'appuyant sur l'autre. Bref, c'est le bienfait de la compétition au bon sens du terme, qui nous fait définitivement sortir du leurre d'une vie que l'on croirait bonne parce qu'elle est paradisiaque puis mauvaise parce qu'elle contiendrait une lutte. Les véritables victoires sont celles que l'on conquiert. Et non pas seulement celles qui nous sont données de manière facile et immédiate.

Paul Ricoeur nous a enseigné ce que signifie ce « choc en retour » des disciplines. La phénoménologie ne peut pas davantage s'enfermer sur le discours interne de son *être-là* ou de son *Dasein*, comme s'il y avait d'un côté la véritable philosophie qui pense l'être des choses (dimension ontologique) et de l'autre les différentes disciplines qui en resteraient à des domaines déterminés de l'humain (dimension ontique). Le sport, comme la psychanalyse, la sociologie ou la linguistique, a quelque chose à apprendre aux philosophes. Non pas seulement cette fois en ce que certains d'entre eux sont sportifs ou aiment le sport, mais en cela que la pratique sportive elle-même les interroge, ou interroge leur discipline.

Et ce qui est vrai des autres disciplines et encore plus vrai de la théologie elle-même, au moins dans son sens chrétien, nous allons y revenir. Car tout dans le christianisme est d'abord affaire de corps, et donc aussi d'une certaine manière de sport si on le définit comme exercice de corps : de l'Incarnation (le Dieu fait corps à Bethléem), à l'Eucharistie (le « ceci est mon corps » au jour de la Cène), et à la Résurrection finale (des corps). Comme le dit Charles Péguy dans son *Dialogue de l'histoire et de l'âme charnelle* : « le christianisme est une *histoire arrivée à la chair*, une *histoire arrivée à la terre* ».

Ceci est mon sport

La formule « Ceci est mon sport » fait bien entendu référence au « Ceci est mon corps » prononcé au moment de l'Eucharistie : Dieu donne son corps à manger. Dieu serait comme un sportif, ou plutôt le sportif serait comme Dieu, si l'on peut dire : « Il donne son corps ». Loin de tout sacrilège ou de toute expression impie, vous l'avez souligné, il s'agit plutôt de faire voir, par analogie, combien la foi chrétienne peut éclairer le sport, et vice-versa.

Vous avez tout à fait raison de le dire ainsi. Même s'il ne suffit pas de penser l'Eucharistie sur le modèle du sport, mais aussi le sport sur le modèle de l'Eucharistie. Car, dans la foi chrétienne, Dieu seul peut véritablement donner son corps. Le donner si totalement qu'il le donne à manger. C'est vrai que l'on pourrait voir là une forme de « cannibalisme ». Et on ne peut pas manquer de souligner l'objection. Reste que le sportif aussi, dans sa performance la plus totale et la plus complète, s'abandonne totalement, ou plutôt « donne tout », comme le disent l'expression française et surtout les commentateurs sportifs. Et « tout donner » n'est pas simplement « donner ce qu'on a », mais aussi « donner ce qu'on est ». Donner son corps et non pas seulement ses pensées ou ses bonnes intentions. Ne pas pouvoir tricher, car la parole est prompte à mentir (on n'est jamais aussi persuasif que lorsque l'on ment), alors que le corps ne ment pas (l'effondrement du cycliste, la rupture de fatigue du marathonien, ou plus simplement la crampe du footballeur).

« Je suis mon corps » parce que dans le sport comme dans l'Eucharistie c'est le corps tout entier qui est donné. Et « j'ai un corps », en cela aussi que dans le sport la maîtrise du corps n'est jamais totale. C'est même mon corps qui me possède, et parfois me « joue des tours », plutôt que moi-même je n'en suis le maître. Lorsque Nietzsche écrit dans la préface du *Gai Savoir* que « c'est le corps qui philosophe », il se place pratiquement en « sportif de la pensée ». Le corps peut paradoxalement faire bien des choses sans la conscience, choses qu'il ne peut pas exécuter avec la conscience. La conscience est souvent un obstacle, plutôt qu'une aide, à la véritable performance. Spinoza cite par exemple le cas des « somnambules » qui peuvent faire des prouesses en dormant (se tenir dans un équilibre dangereux et précaire par exemple), qu'ils ne feraient jamais à l'état éveillé. C'est bien la preuve qu'il faut parfois « laisser aller son corps », ou « se laisser aller à son corps ».

À trop vouloir penser le corps, ou se penser comme corps, le corps ne vit plus de sa propre vie. Or notre vie véritable est celle de nos corps, et pas seulement de nos pensées. Et c'est cela que nous avons souvent oublié dans nos traditions occidentales. Le « ceci est mon corps » du christianisme, qui est une affaire de culture et non pas seulement de foi (pour suivre ici une remarque très juste du philosophe athée Jean-Luc Nancy), aurait pourtant dû nous l'apprendre, ou plutôt ne pas nous laisser l'oublier. Il y a un modèle du « don du corps » jusqu'à l'abandon de soi dans la pratique eucharistique chrétienne, qui peut nous dire quelque chose du jusqu'au-boutisme du « don de soi » à l'extrême de son propre corps dans le sport.

La transsubstantiation

L'Eucharistie, pour un catholique, est au cœur de la liturgie, au cœur de la messe. On dit d'un pratiquant qu'il n'a pas « manqué sa messe » quand il est présent au moment de la communion, ou un peu avant. Concernant l'Eucharistie, on parle de « transsubstantiation ». Que signifie ce mot compliqué ? Et en quoi la « transsubstantiation de Dieu dans son corps » peut-elle nous dire quelque chose de la « transsubstantiation du sportif » dans son propre corps ?

C'est vrai que ce concept de « transsubstantiation » est compliqué, et même très compliqué. Mais il a déjà été étendu en dehors du monde religieux. Par exemple, dans *L'œil et l'esprit,* Merleau-Ponty parle de la « transsubstantiation de l'artiste dans son œuvre » : « c'est en prêtant son corps au monde », souligne le philosophe, « que le peintre change le monde en peinture » (Folio-Essais, p. 16). Ce qui est vrai de l'artiste l'est peut-être aussi du sportif. Dans sa performance, le sportif subit, ou plutôt opère, une complète transformation de soi. Certes, parfois on ne le reconnaît pas et il ne se reconnaît pas lui-même dans ses propres résultats (sportifs). Il s'est dépassé à ce point que nul ne le croyait capable d'une telle dextérité, d'une telle rapidité, ou d'une telle combativité. Il est devenu totalement autre, ou soi-même comme un autre. Cette impression des « médailles d'or volées », aux Jeux olympiques en particulier (ski, saut en hauteur, natation, etc.), vient du fait que l'homme d'un jour devient l'homme de toujours. S'étant transcendé, s'étant totalement donné jusque dans son corps au-delà de ce que lui-même aurait espéré, il devient la performance qu'il a opérée, au point de s'y réduire parfois.

Mais ce mot si essentiel de « performance » ne doit en rester à son seul sens sportif. Il faut aussi l'étendre selon nous à son sens esthétique. Un artiste effectue une performance lorsqu'il devient lui-même l'œuvre ou son tableau dans une certaine mise en scène. Il en est alors de même du sportif dont le corps est le lieu principal de son expression, et ce qui résume toutes ses intentions. Le corps du sportif comme celui de l'artiste ne parle pas. Il fait. Et « se faisant », il fait voir combien la corporéité est le plus haut lieu de notre expressivité. Le plus vrai, et celui dont on ne peut pas se détacher.

La *transsubstantiation* est alors plus que la performance. Car dans le « ceci est mon corps » du Christ à ses disciples, il n'y a pas seulement le « ceci est mon sport » du champion. Dieu devient cela même qu'il fait. Sa parole est un acte et celui qui le reçoit devient autre. Ce mot compliqué de « transsubstantiation » veut en effet dire que le pain a changé de substance. Non pas que le pain n'est plus du pain (Thomas d'Aquin y a beaucoup insisté dans la permanence des espèces), mais que le pain est devenu corps (du Christ). Pour le dire en langage philosophique, mais certes difficile à comprendre, alors que le pain était quelque chose de propre qui répond à ce qu'est du pain mais avec différentes qualités (pain dur ou pain mou, pain blanc ou pain complet, etc.), le fait d'être du pain devient seulement une qualité (ou un accident) et la substance devient le corps du Christ lui-même. Bref, dans la théologie chrétienne, le croyant mange toujours du pain (qualité de la substance), mais en le mangeant, il mange le corps (la substance elle-même). D'où la « transsubstantiation » ou le « changement de substance » dans la théologie catholique.

Il faut certes avouer que tout cela est complexe. Mais ce qui importe ici, si le « ceci est mon corps » est une affaire de culture et non seulement de foi, c'est de bien comprendre que l'idée de « devenir totalement corps », et de se « donner totalement » comme corps (y compris à manger dans le christianisme), est une idée de la culture et de la religion qui peut aussi éclairer la pratique sportive. Mieux, et si l'on se réfère cette fois à ce que la théologie appelle l'analogie (là encore un « gros mot » pour dire qu'il y a un modèle dont nous participons), on dira que seul le Christ s'est pleinement donné comme corps. Et lorsque nous-mêmes aussi nous participons à ce don (dans la sexualité, mais aussi dans la pratique sportive), nous devenons alors une part de lui-même. Tel est ce que nous enseigne la transsubstantiation comme aussi la pratique sportive : devenir pleinement le corps qu'on est, et le pousser à ses limites jusqu'à n'être que don de soi ou abandon. Rapprocher le « ceci est mon sport » du « ceci est mon corps » n'est, en ce sens, pas qu'un simple jeu de mots. Le sportif, comme aussi devrait l'être le croyant, ne peut pas vivre sans penser et devenir pleinement son corps. Il faut même aller jusqu'à dire que la « pensée du corps » appartient au corps lui-même.

Sport et trinité

On ne peut qu'être étonné en constatant à quel point les concepts théologiques peuvent éclairer l'analyse du phénomène sportif – et inversement. Vous êtes à la fois sportif, philosophe et théologien, comment tout cela peut-il faire une unité ou, à tout le moins, se répondre pour que ces diverses disciplines s'enrichissent les unes les autres ?

Le sport et la théologie ne sont pas deux disciplines, voire deux langues indépendantes, bien au contraire. Le judéo-christianisme et l'hellénisme ont formé notre culture occidentale. Ce qui est vrai pour la philosophie et la théologie doit alors l'être pour le sport, et vice-versa.

Prenons, par exemple, le mot *théologie* qui vient du composé des deux mots grecs *theos*, « Dieu » et *logos*, « le discours », avec tous les débats que cela engendrera de savoir si la théologie est un discours *sur* Dieu (nous qui parlons de Dieu, génitif objectif), ou un discours *de* Dieu (Dieu qui nous parle, génitif subjectif). Mais avant même toute parole, au moins en christianisme et parce que « le Verbe s'est fait chair » dans son Incarnation (Jn 1, 14), Dieu est un geste ou un acte avant que d'être une parole adressée. Nous découvrons le corps qui s'exprime avant toute parole, comme l'enfant ou l'*in-fans* qui est étymologiquement celui qui est « sans parole ».

Ce geste ou cet acte de Dieu quasi sportif, contenu jusque dans son être même, a été parfaitement montré par un théologien carolingien peu connu du IXe siècle mais essentiel qui se nomme Jean Scot Erigène (à ne pas confondre avec Jean Duns Scot de la fin du Moyen Âge). Dans son *Perphyseon* ou son *Traité sur la division de la nature* (*De divisione naturae*), Scot Erigène explique que le mot « Dieu » ou *theos* vient non seulement du verbe grec *theorô*, « je vois », mais aussi du verbe *theô*, « je cours ». Ainsi Dieu est-il mot pour mot selon le carolingien « *celui qui court et celui qui voit* ». Il court et voit tout en lui car il contient tout en lui-même. Mais cette « course en lui » lui permet d'une part d'être en mouvement, et d'autre part de créer les êtres qui se tiennent en lui, et d'aller chercher ou de retenir celles et ceux qui s'échapperaient de son monde et de son amour en raison du péché : « Si on appelle donc Dieu *Celui qui court* », écrit-il de façon remarquable et quasiment sportive, « ce n'est pas parce que Dieu *courrait en dehors de lui-même* [...], mais parce qu'il *fait courir* tous les existants d'un état de non-existence à celui d'existence » (Livre I, 452b, PUF, p. 83).

Pour reprendre l'analogie sportive, et le lien ici entre le sport et la théologie, le Dieu trinitaire serait à la fois un danseur et un marathonien. Un « danseur » parce qu'il est toujours en mouvement. On parle en théologie de la *périchorèse* de Dieu, à savoir cet acte par lequel le Père, le Fils et l'Esprit Saint sont toujours reliés l'un à l'autre, et s'expriment les uns par les autres : « trois personnes en une nature ou substance » (*tres personae, una substantia*) disait le concile de Nicée. On pourrait même parler à ce propos de *chorégraphie divine*. Il s'agit bien d'une danse où les trois personnes sont moins assises sur des trônes de façon fixe (comme tribunes présidentielles lors d'un match de football), que jouant sur le terrain et s'appuyant les unes sur les autres, non pas pour se battre, mais pour faire voir combien un équipier ne peut pas exister sans son autre équipier pour se mesurer lui-même et atteindre son but (à tous les sens du terme).

Saint Bonaventure parle d'ailleurs de *circumincession* pour dire la perichorèse en latin. Il l'écrit avec un « c » et non un « s » pour bien dire qu'il s'agit là de mouvement ; du verbe *cadere* comme acte de marcher ou de tomber sur l'autre. Au contraire, saint Thomas d'Aquin, contemporain de saint Bonaventure, écrit « circuminsession » avec un « s » indiquant par-là les trois personnes de la Trinité assises chacune sur leur trône ainsi qu'on les représente ordinairement. Mais on perd peut-être par là la « danse divine », ou ce que j'appellerais ici sa chorégraphie, dont le Dieu trinitaire est constitué. Dieu y compris dans sa nature (périchorèse) ne s'arrête jamais, ni n'est jamais un simple spectateur. Ou alors il cesse d'être sportif ou danseur, et ne me concerne pas ou plus s'il ne vient pas me chercher.

D'où sa figure aussi comme marathonien ou « celui qui court » (*theo*). Dieu court après moi et me cherche. Non pas pour me rattraper comme un gardien à qui j'aurais échappé, mais pour concourir avec moi et se tenir toujours à mes côtés. Ce n'est pas moi qui « fais la course » avec Dieu (dans une sorte de compétition), mais c'est lui qui court avec moi (dans un accompagnement où il ne me quitte jamais). Il en va un peu avec la providence divine comme dans les jeux paralympiques. J'ai besoin de ses yeux et de ses paroles pour descendre en ski la piste enneigée, ou pour suivre la piste à vélo. L'essentiel est que nous demeurions attachés l'un à l'autre. Dieu (*theos*), « court » donc (*theo*) et « voit » (*theorô*) avec moi. Il est bien lui aussi le champion ou l'entraîneur qui ne cesse de m'encourager et de me supporter : « Vous *courriez bien* », écrit saint Paul aux Galates : « Qui vous a arrêté, en vous empêchant d'obéir à la vérité ? » (Ga 5, 7).

Sport et incarnation

Vous y insistez, le christianisme est d'abord une religion de l'incarnation et donc du corps. « Dieu s'est fait corps », ou plutôt « Le Verbe s'est fait chair » (Jn 1, 14). En quoi le sportif s'incarne-t-il dans son corps comme Dieu prend corps dans notre chair ? Peut-on dire du sportif que lui aussi, à sa manière, s'« incarne » – non pas parce qu'il vient de Dieu, mais parce qu'il doit toujours davantage devenir le corps qu'il est ?

Vous avez tout à fait raison de le souligner. Si l'on peut penser analogiquement le « ceci est mon corps » dans le christianisme et le « ceci est mon sport » dans l'olympisme par exemple, ce n'est pas en cela que le champion est lui-même Dieu (quoiqu'il est souvent érigé en sur-homme, voire en sur-Dieu), mais par là qu'il doit lui aussi « se faire corps » comme Dieu lui-même « s'est fait corps ». Il y a en effet une étrange homonymie, au moins en français, dans le mot d'incarnation, selon qu'on l'utilise dans le champ de philosophie ou dans celui de la théologie.

On parle certes d'Incarnation d'abord dans le cadre de la théologie chrétienne. Et c'est là que l'usage de ce mot est le plus connu, en particulier relativement au judaïsme et à l'islam où l'incarnation de Dieu dans un corps serait un contresens ou un « cercle carré » – comme l'affirme d'ailleurs avec raison, de son point de vue, le philosophe juif Emmanuel Levinas. Le propre de Dieu est en effet pour ces deux religions « de ne pas être homme », et donc « de ne pas être corps ». Mais c'est en réalité plutôt le judaïsme et l'islam, comme aussi le monde grec, qui sont dans leur bon droit. Non pas que le corps n'ait pas d'importance dans ces religions, bien au contraire, mais en cela qu'il ne peut s'agir que du corps de l'homme et non pas du « corps de Dieu » (une idée qui naît en réalité avec le stoïcisme au moment même de la naissance du christianisme, il y a deux millénaires). Le « ceci est mon corps » est donc essentiel dans le christianisme, non pas seulement en cela qu'il désigne l'Eucharistie (« manger le corps du Christ), mais aussi l'Incarnation (« Dieu s'est fait corps », ou « le Verbe s'est fait chair »).

Quand Dieu se fait corps, au moins en christianisme, il apparaît tel que lui-même et en lui-même. On ne doit pas dire que l'Incarnation n'est que la conséquence du péché de l'homme comme on a pu le dire à tort dans le cadre d'une théologie réparatrice (selon une fausse interprétation d'Anselme de Cantorbéry au Moyen Âge). Il faut plutôt soutenir que le projet du « Dieu fait homme » ou du « Verbe fait chair » est posé de toute éternité dès la création (comme le dira le père de l'Église Irénée par exemple). Mieux, il y a même un théologien de la fin du Moyen Âge, Jean Duns Scot qu'on a plus haut distingué de Jean Scot Erigène, qui dit même que « Dieu se serait incarné même si l'homme n'avait pas péché ». C'est dire combien le corps est premier en christianisme. Il n'est pas le lieu de la chute d'un être immortel, mais il constitue l'homme (et Dieu) comme tel.

Cette perspective du corps posée dès l'origine est essentielle. Car l'expérience du sportif est d'abord celle de son corps, de l'exercice, de la culture et de la croissance de son propre corps. Il peut certes y avoir un « culte du corps » dans le sport qui fait que rien n'existe d'autre que la performance physique, voire la beauté plastique. Reste que cette expression de « culte du corps » est aussi intéressante, si on l'entend en un sens religieux, comme les protestants disent « célébrer le culte » le dimanche par exemple. Dans ce cas, le « culte du corps » n'est pas une manière de faire l'éloge du seul corps, mais une façon de reconnaître que le corps de Dieu est le lieu d'un culte, c'est-à-dire d'une offrande. Nous rejoignons alors l'offrande, ou à tout le moins l'abandon, du sportif dans son propre corps et à son propre corps dont nous parlions précédemment.

Le mot « incarnation » a non seulement un sens théologique (Dieu se fait corps), mais également philosophique (devenir son corps). Ce deuxième sens pourrait expliquer, selon vous, pourquoi il est question d'incarnation dans le sport. Pourriez-vous préciser cette idée ?

Étrangement en effet, ce mot d'incarnation n'est plus réservé à la seule théologie aujourd'hui (Incarnation de Dieu). On l'utilise fréquemment dans la philosophie contemporaine, pour dire la manière dont on s'incarne, ou dont on devient, son propre corps (incarnation de l'homme). Le fondateur de la phénoménologie par exemple, Edmond Husserl qui sera largement repris par Maurice Merleau-Ponty, explique que lorsque ma main gauche touche ma main droite, la main sentie (la main gauche) devient aussi la main sentante (puisqu'elle sent dans le même temps la main droite). Elle « devient chair » (*es wird Leib*) écrit alors le philosophe, ce qui signifie ici qu'elle s'incarne au sens où elle se ressent de l'intérieur en étant sentie de l'extérieur. C'est alors cela la « chair » (*Leib*) par rapport au « corps » (*Körper*). Non plus seulement la « matière », mais la « manière ». Non pas uniquement le corps étendu (Descartes), mais le corps vécu (Husserl).

Il me semble cependant qu'on ne doit pas oublier aujourd'hui la matière du corps, y compris la chair biologique, à force de se référer au vécu du corps ou à la chair au sens phénoménologie du terme. À force de dire « je suis mon corps », ce que ne cesse de répéter la philosophie contemporaine, j'oublie que « j'ai un corps ». Or oublier que « j'ai un corps », c'est aussi oublier qu'un jour « mon corps m'aura » (dans la maladie, la blessure physique, ou la fatigue par exemple.). Et tel est ce que sait par expérience le sportif. Il s'incarne toujours plus dans son corps. Non pas uniquement en cela qu'il devient davantage son corps (le corps qui devient chair), mais aussi par là qu'il fait l'épreuve de la résistance de son corps (le corps irréductible à la chair ou au vécu du corps).

On ne peut pas s'en tenir au seul « membre fantôme » comme le développe aussi Maurice Merleau-Ponty. Ce qui importe n'est pas uniquement de reconnaître que je peux « sentir cette partie du corps que je n'ai pas » (comme dans le cas du cul-de-jatte qui a l'impression de sentir sa jambe alors qu'il n'a plus de jambe). Il peut aussi m'arriver de ne pas sentir ce membre ou cette excroissance du corps que j'ai. C'est le cas de l'engourdissement, de l'anesthésie, mais aussi d'une tumeur que je ne reconnaîtrai jamais comme mienne.

Il n'y a pas d'un côté le *corps subjectif* que je sens ou que je ressens (chair) et de l'autre le *corps objectif* comme objet ou matière (corps). Et ce qui est intéressant, ou ce qui m'intéresse, est que ce mot de « chair » ne devrait pas seulement être pris dans son sens technique de « corps vécu » (*Leib*), mais aussi de « corps organique », voire de « corps matériel » (*Körper*). Comme on dit par exemple de quelqu'un qu'il n'a plus « que la chair sur les os », ou encore lorsqu'on parle d'un « ongle incarné » en français. Il y a certes de la souffrance subjectivement vécue, mais aussi la chair elle-même au sens courant du terme : cette partie de moi qui me délimite dans mon corps, ou qui peut être blessée par un corps étranger. On a malheureusement oublié ce sens courant de la « chair » dans la philosophie contemporaine, d'où vient aussi le mot d'incarnation en latin (*in-carne*), qui désigne non pas seulement l'épreuve du corps, mais aussi sa matière. Il suffit d'aller voir les œuvres du peintre Lucian Freud pour s'en rendre compte. *As flesh* – comme la *chair*, dit-il : voilà ce qu'il veut nous faire voir sur la toile. Non pas simplement le vécu de notre corps comme le fera son peintre et ami Francis Bacon dans son fameux « triptyque » ; mais l'épaisseur de la chair elle-même dans l'imposante femme épandue sur le divan, ou encore la femme nue sur le parquet.

C'est pourquoi il m'a fallu créer le concept de « corps épandu » entre le corps étendu de Descartes (corps mesurable) et le corps vécu de Husserl (l'expérience du corps). Y compris pour le sportif, et peut-être surtout pour lui, il ne suffit pas de toujours se référer à la manière dont je vis et dont je souffre mon corps, car le biologique et le matériel de mon corps me détermine beaucoup plus que je ne le crois.

Comment cette question de la chair en théologie (« Et le Verbe s'est fait chair ») peut-elle rejoindre celle du corps en philosophie (vécu de la chair et/ou matérialité du corps), jusqu'à éclairer la pratique sportive en général ?

Il faut repartir ici de la belle formule du père du désert Marc l'Ascète pour faire voir ce lien remarquable entre l'incarnation philosophique et l'incarnation théologique : « Et le Verbe s'est fait chair, pour que la chair devint verbe ». Un rapport qui ne sera pas indifférent au sport, dès lors que le « choc en retour » de la théologie sur la philosophie peut aussi reconduire à la réalité et à la consistance de notre corps comme tel.

Nous l'avons dit. Un des efforts de la philosophie contemporaine est d'avoir interrogé le vécu du corps, ce que la phénoménologie appelle la « chair ». Le mérite de cette percée est de ne pas en rester à la seule matière de notre corps, et d'expliquer que je dois « être mon propre corps », ou l'habiter, et non pas seulement « avoir un corps », ou le subir. De l'autre côté, dans la théologie, et nous l'avons dit aussi, Dieu s'est incarné, c'est-à-dire s'est fait corps comme nous. Mais de quel corps s'agit-il ? Du simple vécu de la chair (*Leib*), ou aussi de notre corps physique et matériel (*Körper*) ?

Or, il faut reconnaître qu'une grande querelle a éclaté dès la naissance du christianisme, il y a deux millénaires, entre les tenants de l'Incarnation de Dieu dans la seule chair (un vécu humain mais avec une apparence de corps seulement), et ceux de son Incarnation dans un corps véritable (avec un corps matériel comme nous). Les premiers sont les partisans de la gnose, ceux qu'on a appelé les docètes, du latin *doceo* « sembler, paraître », parce que Dieu aurait semblé prendre notre chair, mais ne l'aurait pas pleinement assumée. C'est la thèse du Christ ange, ou du *Christos angelos* soutenue par Valentin (d'où le valentinisme), parce qu'il serait indigne de Dieu d'épouser la chair humaine avec toutes ses imperfections et son organisme quasiment animal.

Les seconds, et ce sont eux qui ont été suivis par toutes les grandes traditions chrétiennes, ont affirmé que Dieu s'est véritablement fait homme. « Le Verbe s'est fait chair » dans le prologue de l'évangile de Jean (Jn 1, 14) ne veut pas dire qu'il est seulement venu prendre en charge nos manières d'être ou nos vécus internes, mais qu'il a assumé un corps véritable. Un corps avec des « muscles comme nous », des « mamelons comme nous », des « nerfs comme nous », des

« veines comme nous », une « chevelure comme nous », et des « poils comme nous », écrivait Tertullien contre les docètes dans son traité sur *La chair du Christ* : « il n'eut pas d'autres raisons d'être, que d'être pris tout simplement pour un homme, que de *montrer la réalité humaine du corps* (*humana substantia corporis*) », ajoute-il comme une ode au corps puisque Dieu s'est fait corps (*De carne Christi*, IX, 3). Si Dieu n'avait pas assumé un corps comme nous, son salut ne serait pas le nôtre, et nous ne pourrions donc pas de la même façon ressusciter avec lui. Dieu s'est fait homme, parce qu'il a pris en charge le tout de l'homme, y compris sa matière et non pas sa manière, c'est-à-dire son « corps » (*Körper*) et non pas uniquement sa « chair » (*Leib*).

On prête souvent au christianisme un certain « mépris du corps ». Or, vous développez une thèse exactement inverse. Saint Paul, pourtant, n'oppose-t-il pas la chair et l'esprit, n'a-t-il pas parlé du « péché selon la chair » ?

Vous faites bien de le souligner. Il y a certes cette « chair » (*sarx*) au sens théologique cette fois qu'on accuse souvent d'être le lieu du péché, à partir d'une fausse interprétation du « péché selon la chair » chez Saint Paul (Rm 8, 5). À partir de ce passage de *l'Épître aux Romains*, et d'une interprétation d'ailleurs tout aussi erronée de saint Augustin, on accuse alors faussement le christianisme d'être la religion par excellence du mépris du corps (*soma*) dans son opposition à l'esprit (pneuma). Mais c'est n'avoir rien compris à Saint Paul, ni au christianisme en général ! Il n'a jamais été question pour saint Paul de mépriser le corps, ni de lui préférer l'esprit, mais seulement de bien comprendre que le corps (*soma*) est toujours premier, et qu'il s'agit seulement de distinguer deux manières d'être de ce corps : soit de « vivre selon la chair » (*sarx*), c'est-à-dire enfermé sur lui-même ; soit de « vivre selon l'esprit » (*pneuma*), c'est-à-dire ouvert à l'autre.

Tout commence toujours par le corps (*soma*) dans le christianisme, comme chez Nietzsche d'ailleurs, même si les visées ne sont pas les mêmes. Pour preuve, cette autre formule de saint Paul qui dit combien le corps est premier et positif, y compris dans ses propres épîtres : « Ne savez-vous pas que votre *corps* (*soma*) est le temple du Saint-Esprit qui est en vous ? [...]. Glorifiez Dieu *dans votre corps et votre esprit*, qui appartiennent à Dieu » (1 Corinthiens, 6, 19-20).

Caro salutis est cardo – « la chair est la charnière du salut », disait Tertullien dans un jeu de mots en latin entre la « chair » (*caro*) et la « charnière » (*cardo*). Vous voyez à quel point on est loin du fameux, et faux, mépris du corps dans la religion. Même saint Augustin qu'on charge donc de tous les maux ne saurait être accusé d'un tel mépris : « J'ai tout lu chez Platon (à propos du Christ) », écrit-il dans ses *Confessions*, mais « que le Verbe s'est fait chair et qu'Il a habité parmi nous, c'est ce que je n'y ai pas lu » (*Conf.* VII, 9 [14]). L'originalité du christianisme comme religion et pensée du corps est donc bien vue, y compris par ceux à qui on reproche à tort d'être les plus grands détracteurs du corps, y compris saint Augustin. Et si Nietzsche a certes eu raison de parler de « contempteurs du corps » dans *Ainsi parlait Zarathoustra*, en particulier en parlant du message chrétien, peut-être est-ce d'abord pour les croyants l'occasion de réinterroger ce qui fait le cœur de leur foi par rapport aux autres religions : à savoir un « Dieu qui s'est fait corps » de son Incarnation à sa Résurrection.

Vous y insistez : le corps est d'abord premier et positif dans la religion chrétienne ; mais quel rapport cela a-t-il avec le sport ? En quoi le débat sur l'incarnation, que ce soit en phénoménologie (le vécu du corps ou la chair) ou en théologie (le corps véritable, y compris organique et matériel), peut-il éclairer la performance sportive ?

Ce grand détour par cette question de l'incarnation, au double sens du terme, peut en effet rejaillir sur le statut du corps dans le sport, ou à tout le moins est-ce mon hypothèse. Du « ceci est mon corps » au « ceci est mon sport », la conséquence est bonne, non pas en cela que l'Incarnation théologique serait le modèle de l'incarnation phénoménologique, mais par-là que l'analogie nous interroge sur notre propre corps.

Il y a certes le « vécu du corps » qui importe tant dans le sport, et nous rejoignons ici la philosophie, ou plutôt la phénoménologie. Il s'agit d'être bien dans son corps, d'habiter son corps, de modeler son corps, bref d'être son corps ou plutôt sa « chair » (*Leib*). Et l'on sait combien tous les discours contemporains vont dans ce sens du rapport d'un soi avec soi, et avec son propre corps, nécessaire à la performance. Mais il y a aussi ce nous appellerions ici, et à la suite de Tertullien, le « corps véritable ». Non pas uniquement cette chair que j'éprouve de l'intérieur, mais cette matière ou cet organique qui me résiste, qui fait que de simples crampes ou un déchirement musculaire suffisent à ruiner toute tentative de performance. Et ce « corps-là » (*Körper*) fait aussi le corps – de Dieu dans son Incarnation certes, mais aussi du sportif qui doit bien « faire avec », et assumer ce corps tel qu'il est dans son devenir et s'impose à lui. « Ma jambe m'a lâché », « le cardiaque n'a pas suivi », « la déchirure était trop forte » – autant d'expressions dans le sport qui prouvent bien que « j'ai un corps », et que « je ne suis » pas seulement mon corps.

L'incarnation théologique (le corps véritable) apprend donc à l'incarnation phénoménologique (la chair) qu'on ne peut pas se satisfaire du seul « vécu du corps », ainsi que le font presque toujours les coachs sportifs qui motivent leur champion. Tout ne se passe pas « seulement dans la tête » comme on l'entend souvent et comme on le répète à souhait. Car dans la performance sportive, et comme dans la vie tout court, ce n'est pas la conscience qui nous conduit, mais le corps. Ainsi que le proclame très bien le Zarathoustra de Nietzsche (pas si loin de l'Incarnation du Christ sur certains points si on la pense bien) : « le Soi (du corps) dit au moi (de la conscience) *souffre à présent*, et le moi se demande comment ne plus souffrir [...] ; le Soi (du corps) dit au moi (de la conscience) "jouis à présent", et le moi se demande comment continuer à jouir » (*Zarathoustra*, Des contempteurs du corps).

Vous voyez combien nous sommes guidés par notre incarnation, y compris au sens matériel et biologique du terme, qu'il s'agisse de théologie chrétienne ou de sport. Et tel est probablement l'apport principal du christianisme, car il s'agit bien là de la seule religion où « Dieu s'est fait homme », et où « Dieu s'est fait corps ».

L'animal et le bestial

Le corps, c'est aussi de l'animal en l'homme. À force de craindre l'angélisme et la fuite dans l'immatériel, ne risque-t-on pas de tomber dans une sorte de matérialisme ? À force de tout rapporter aux passions et aux pulsions que Dieu aurait assumées dans son Fils, ne risque-t-on pas d'oublier que l'homme a aussi une « maîtrise de son corps », dans la religion certes, mais aussi dans le sport ?

Je vous l'accorde tout à fait. Il ne s'agit pas pour moi de réduire l'homme à son corps, comme s'il n'avait plus de conscience. Mais l'important est de comprendre que la conscience peut aussi être un obstacle, nous l'avons dit à propos des somnambules qui peuvent faire davantage par le seul corps que par le corps avec l'appui de la conscience.

« Personne, il est vrai, n'a jusqu'à présent déterminé ce que *peut le corps* ». Cette formule essentielle de Spinoza dans l'*Éthique* (III, 2, scolie), montre combien les capacités du corps débordent celles de sa conscience. Et cela le sportif le sait, à l'instar du marathonien qui va jusqu'au bout de ses forces lorsque son corps continue à courir alors qu'il pense, par sa conscience et de façon raisonnée ou raisonnable, ne plus pouvoir courir ou devoir s'arrêter. Il y a un automatisme du corps, ou plutôt une « volonté du corps », qui nous surprend parfois, à la fois comme « acteur » de sport (ou sportif) et comme « spectateur » du sport. La performance étonne car le sportif lui-même ne sait pas toujours comment elle s'est produite en lui et par lui, et comment il y est lui-même arrivé. Les entraînements n'expliquent pas tout, même s'ils sont nécessaires. Être prêt pour le « grand jour » (pour une médaille olympique par exemple), ne se calcule pas, car c'est le corps qui parle, davantage que la conscience. C'est en cela qu'il y a de l'animalité en nous, qu'il faut aussi savoir écouter pour performer.

Reste que l'*animalité* n'est pas la *bestialité*, et cette distinction est essentielle à la religion chrétienne comme aussi au sport. Dans la religion chrétienne d'abord, et vous l'aurez déjà compris à propos de l'incarnation, le christianisme souffre toujours aujourd'hui d'une certaine forme d'angélisme. Mais ce fait, qui revient aussi parfois en force dans le sport à force de coaching mental, vient en réalité du déni de l'animalité en l'homme au profit de la seule humanité, ou divinité pour ce qui est de la figure du Christ. L'*animalité* est en réalité un concept, plutôt que l'animal ou les animaux qu'on devrait aimer ou détester. L'animalité désigne le « corps sans conscience », à l'inverse de l'angélisme qui est une forme de « conscience sans corps ». Toute la question est alors là – dans le christianisme certes, mais aussi dans le sport, voire dans la sexualité : laissons parler le corps, plutôt que de lui imposer des vues par notre conscience. Dire que le « Christ animal » est offert dans l'Eucharistie et crucifié en croix, qu'il n'est pas seulement du bestial ainsi que nous avons osé le démontrer dans *Les noces de l'agneau*, n'est pas du blasphème, bien au contraire. C'est reconnaître que notre part de passions et de pulsions est bien assumée par lui et crucifiée avec lui, fût-ce pour l'humaniser ou la diviniser.

Le Christ fut d'ailleurs d'abord représenté sous figure de l'agneau immolé dans les premiers temps du christianisme, ce qui est bien la preuve de cette prise en charge de l'animalité. C'est seulement au VIIe siècle, avec le Concile in Trullo (en 622), que l'on a interdit de représenter le Christ sous la figure de l'agneau (mais par une figure humaine) pour bien distinguer le christianisme du judaïsme. Il n'en allait donc pas ainsi au temps de la naissance du christianisme. On ne va pas que de l'humain au divin dans le « ceci est mon corps » eucharistique, ainsi qu'on le croit parfois, mais on va aussi de l'animal à l'humain, voire de l'humain au divin (dans la filiation). Le tout de l'homme est assumé et transformé par Dieu, parce que Dieu s'est fait homme, a pris la charge de l'homme, et l'a transformé jusque dans la résurrection du corps. Tel est le grand mystère du christianisme.

En quoi alors cette animalité se distingue-t-elle de la bestialité ?

L'animal n'est pas le bestial, tel est l'essentiel pour la théologie, comme aussi pour le sport. Seul l'homme est capable d'être « bête » à tous les sens du terme : devenir un idiot certes, mais aussi sombrer en deçà de son animalité. C'est faute de ne pas avoir distingué entre l'animalité (positive) en l'homme et sa bestialité (négative), qu'on a cru alors au moins en théologie qu'il fallait rejeter l'animal en nous pour ne se tourner que vers l'angélisme et le divin.

En réalité, le *bestial* ou la possibilité de « devenir bête » n'appartient qu'à l'homme. Car l'homme seul peut devenir meilleur, ce que la philosophie nomme la « perfectibilité », et donc aussi devenir pire. La bête est la manière propre de l'homme de sombrer en deçà de l'animal, ce que les animaux quant à eux ne peuvent jamais. Pornographie, luxure, gloutonnerie, ivrognerie, et autres « excès de table » ou « de la chair » comme les nomme saint Paul (Gal 5, 21), n'appartiennent qu'à l'homme. Lui seul peut détourner ou pervertir ses passions et ses pulsions, pour les mettre au service d'un complet esclavage de lui-même par lui-même qui fait qu'il n'est plus du tout maître de son corps. Ainsi en est-il de la « bête tapie qui te convoite » au livre de la *Genèse* (Gn 4, 7), ou de la « bête à dix cornes » dans l'*Apocalypse* (Ap 13, 7). Dans tous les cas, et en particulier dans ces deux cas, la *bête* n'est pas l'*animal* dans la Bible. Alors que la première (la bête) nous fait sombrer dans le péché en dessous de l'animalité, le second (l'animal) appartient à notre humanité et est appelé à être divinisé. Il y a là une différence fondamentale qui fait qu'on distinguera en théologie le « salut par rédemption » (suppression du bestial par le pardon des péchés), et le « salut par solidarité » (transformation de l'animal en humain, voire en divin).

Tout cela peut faire penser à la phrase de Pascal : « L'homme n'est ni ange ni bête »

Vous avez tout à fait raison de reprendre cette formule du fameux penseur de Port Royal, qu'il faut citer ici en entier : « L'homme n'est ni ange ni bête, et le malheur veut que qui veut faire l'ange fait la bête » (*Pensées*, L. 378/B. 358). Tout le danger est, en effet, de se prendre pour qui on n'est pas et de ne pas demeurer à son rang. Vouloir faire l'ange est faire la bête, telle est la mise en garde de la théologie chrétienne dont le sport devra aussi tirer la leçon, nous le verrons.

Toute vraie philosophie, comme toute vraie théologie, doit d'abord penser « au fil conducteur du corps », comme le dit justement Nietzsche. Le corps est le point de départ de tout, de notre vie, et aussi de nos performances. Les expériences les plus profondes de l'homme sont d'abord des expériences du corps : naissance, sexualité, mort. Peut-être est-ce la raison pour laquelle le sport, qui est un langage qui parle au corps et qui parle du corps, renvoie en chacun de nous à une dimension si profonde de notre existence. Le « ceci est mon corps » du christianisme a partie liée avec le « ceci est mon sport » du champion, au moins en cela que la véritable parole est celle du corps plutôt que de la conscience. « Nous avons tous été enfants avant que d'être homme ». On ne doit pas oublier cette formule de Descartes dans le *Discours de la méthode* (1ère partie). Car le propre de l'enfant, nous l'avons dit, est d'être « sans-paroles », *in-fans*, et c'est par son corps alors qu'il parle, comme le sportif aussi s'exprime lui-même dans sa performance. Il y a une dimension de l'*enfance* ou du sans paroles dans le sport, comme aussi dans le Royaume de Dieu (Mt 18, 3), qu'on ferait bien de ne pas oublier.

On vous suit bien dans le parallèle étroit que vous établissez entre la théologie chrétienne et le sport, en vous appuyant sur la notion centrale de corps. Mais le christianisme, au moins tel qu'il a été ordinairement interprété, ne quitte-t-il pas parfois le niveau du corps (et de sa résurrection), pour se concentrer sur l'immortalité de l'âme ?

Il est vrai qu'une fausse interprétation de la théologie est allée un peu loin, au moins en christianisme, en confondant la résurrection du corps avec l'immortalité de l'âme. Il faut bien reconnaître qu'il est plus facile de croire et de penser que l'âme part vers Dieu et que le corps demeure ici-bas, car l'assomption de notre dimension matérielle par Dieu est bien le plus incroyable (à tous les sens du terme) de la théologie chrétienne. Mais en réalité, jamais le christianisme n'a dit que l'âme seulement était immortelle et que le corps n'était bon qu'à être oublié et rejeté. Le « *soma sêma* », c'est-à-dire le corps (*soma*) qui n'est bon que pour le cimetière ou le vestiaire (*sêma*), pour reprendre une image de Platon (*Gorgias*, 492e), n'appartient pas à la vision chrétienne et finale de notre existence. Non pas que nous récupérions toute notre matière telle qu'elle fut à la résurrection finale des corps, mais en cela qu'elle sera assumée et transformée par Dieu : « semé corruptible, le corps ressuscite incorruptible », nous dit saint Paul (1 Corinthiens 15, 42).

En ce sens, l'immortalité de l'âme ne concerne que ce « temps intermédiaire » entre notre mort et la résurrection finale. Les âmes se tiennent en Dieu (et il faudrait d'ailleurs s'entendre sur le sens de ce mot « âme » qui ne dit pas la seule pensée dans la Bible comme dans la théologie médiévale), et elles attendent la résurrection des corps. Nous sommes donc de bout en bout « corps », et telle est la grande leçon du christianisme.

La lutte et la chute

En quoi la distinction de l'animal et du bestial peut-elle éclairer ce qu'il en est du corps dans le sport? Et dans quelle mesure ce que la théologie appelle la « chute », voire le « péché », se retrouve-t-il dans la pratique sportive? Ne sommes-nous pas toujours au bord de la chute?

Qu'il y ait de l'*animal* en nous, et que la chose doive s'exercer de façon plus pressante encore dans la pratique du sport, la chose est manifeste. Le vrai sportif est celui qui se confie à son instinct, et non à sa conscience. Le judoka qui fait le bon geste, l'escrimeur la bonne touche, ou le tennisman le bon coup – tout cela est de l'ordre du quasi réflexe, ou du mouvement du corps. Il aura peut-être répété cent fois la bonne attitude à l'entraînement, seul l'animal en lui aura la victoire, et non pas la conscience. De même, le champion doit toujours davantage s'incarner dans son corps ou dans sa « chair » (*Leib*) comme le disait la phénoménologie, mais sans oublier qu'il est aussi un « corps véritable », matériel et biologique (*Körper*), comme nous le rappelait la théologie.

Quant au *bestial*, c'est cela que craindra le chrétien, comme aussi le sportif. Le bestial, nous l'avons dit, c'est cette possibilité unique que possède l'homme de tomber en deçà de l'animal. Mais une telle pratique, ou plutôt la mise en œuvre d'une telle déviance, est monnaie courante dans le sport aussi – qui bien sûr n'est pas exempt de la chute. La pratique du dopage, par exemple, est bien une manière de sombrer de l'animal à la bête, c'est-à-dire de modifier artificiellement le corps pour atteindre une performance. Mais une telle chute (dans la bestialité) est en réalité un refus de la lutte (qui fait notre animalité). Il y a un « bon combat » en l'homme, et cela le sport aussi est capable de nous l'enseigner : « J'ai combattu le bon combat, j'ai achevé la course, j'ai gardé la foi », avons-nous déjà souligné en citant saint Paul (2 Tim 4, 7).

Qu'entendez-vous par le « bon combat » ? Cela signifie-t-il que nous sommes toujours dans la « guerre de tous contre tous », selon la formule de Hobbes ? N'est-ce pas une vision un peu « tragique » de l'existence ?

Vous faites bien de poser la question, car il convient de le préciser. Il s'agit ici de « combat », *agon* en grec, et pas du tout de « guerre », *polemos.* Point n'est question de faire l'apologie de la « guerre » dont le principe est d'écraser l'autre, mais plutôt de reconnaître la nécessité de vivre en appui sur l'autre, ce qu'on doit appeler « combat » ou « lutte » au sens sportif du terme (dans le judo ou dans la lutte précisément). En réalité, il n'y a pas de vie sans combat. Et cela, les sportifs le savent mieux que tout autre. Le judoka dans un combat n'existe qu'en appui sur l'autre. Les adversaires, ou plutôt les partenaires, tiennent l'un contre l'autre, et c'est ainsi qu'on se mesure soi-même, toujours face à autrui.

Cette situation de « combat » qui n'est pas la « guerre », comme on a aussi distingué « l'animalité » qui n'est pas la « bestialité », est particulièrement bien représentée et peinte par Delacroix dans la *Chapelle des Saints-Anges* à Saint Sulpice à Paris pour illustrer *La lutte de Jacob avec l'ange* au livre de la *Genèse* (Gn 32). On y voit Jacob qui lutte à mains nues avec l'ange (ou l'homme, on ne sait pas très bien dans le récit de la Genèse qui rapporte cette scène). Puis c'est l'ange lui-même, et non pas Jacob, qui veut arrêter la lutte – un peu comme l'un des deux adversaires dans un combat de judo qui préférerait perdre par abandon, au moins pour se dire qu'il aurait pu gagner en d'autres circonstances. Mais voilà que Jacob ne veut pas vaincre par abandon de son adversaire. Rien de lâche dans son attitude, tout au contraire. Il se rebelle contre l'ange, et veut continuer la lutte, car on ne quitte pas si aisément le combat : « Je ne te lâcherai pas que tu ne m'aies béni » (Gn 32, 26). La bénédiction ici, c'est-à-dire l'acte de dire du bien de l'autre (béné-diction), se gagne non pas contre le combat mais par le combat, entendu au bon sens du terme. Jacob fait comprendre à l'ange, ainsi que le sport le montre depuis bien longtemps, que nous n'existons qu'en appui les uns sur les autres, et non pas les uns séparés des autres.

Ce n'est donc pas la lutte qui est mauvaise, mais le refus de la lutte. Les non-sportifs sont toujours ébahis face aux champions ou héros sportifs qui vont au combat. Mais il s'agit là, en réalité, de ce qu'est la vie ordinaire, ou de ce que devrait être la « vraie vie ». C'est en se mesurant à l'autre qu'on se connaît et que l'on se reconnaît soi-même. Et c'est pourquoi probablement dans le tableau de Delacroix de la lutte avec l'ange, on voit l'ange briser le nerf fémoral de Jacob : « Voyant qu'il ne pouvait le vaincre, cet homme le frappa à l'emboîture de la hanche ; et l'emboîture de la hanche se démit pendant qu'il luttait avec lui » (Gn 32, 25). Une fois le nerf de la cuisse brisé ou déchiré, Jacob ne peut exister « qu'en appui » sur l'ange comme l'on voit le contrefort d'une cathédrale qui soutient l'édifice, ou comme deux judokas qui entrent en combat. Nous ne sommes pas faits pour nous tenir seuls debout sur nos deux pieds, mais pour exister en appui sur l'autre pour nous mesurer.

Résilience et salut

Mais on peut se relever de la chute. Il y a l'idée théologique de « salut » – le fait d'être sauvé. La résilience ne serait-elle pas dans le sport comme une forme de salut ?

À mon avis, on parle trop de la résilience, dans le sport certes, mais aussi dans la vie tout court. Tout se passe comme si l'essentiel n'était pas de tomber (la chute), mais de se relever (la résilience). Vous avez raison, la fameuse « résilience » dans le sport – qui vient du latin *resilire* « rebondir » ou *re-salire* « sauter en arrière » – est bien une forme de salut dans le sport. On pourrait même dire, si l'on veut travailler sur le sens du terme lui-même, que la *résilience* (dans le sport) est une forme laïcisée du *salut* (dans la théologie). La formule de saint Paul est connue : « Là où le péché abonde, la grâce surabonde » (Rm 5, 20). Ce n'est bien sûr pas du tout une apologie du péché, comme s'il fallait chercher la faute pour être sauvé. Saint Paul indique seulement par-là que si l'on tombe (par soi-même), on sera toujours relevé par un autre (Dieu lui-même).

Le sportif « résilient » (mais on parle aussi de résilience en politique, en études, dans le travail, etc.) est alors celui qui est capable de se relever de l'échec. Mais on a oublié, à mon avis, combien il est important aussi d'éprouver l'échec, de l'habiter et d'oser le traverser plutôt que de vouloir trop vite le dépasser. La théologie chrétienne dit qu'il faut éprouver de la « contrition pour son péché » pour être sauvé. De la même façon, peut-être faut-il en sport éprouver sa contre-performance avant de vouloir toujours la sublimer ou la dépasser. Il est étonnant, et pour ne pas dire parfois « ahurissant », de voir des athlètes perdre une course à laquelle ils s'étaient tellement préparés, et dire juste après cet échec au sortir de la course, qu'ils vont en apprendre quelque chose, qu'ils vont s'en relever, qu'ils deviendront meilleurs plus tard, etc. Bref, tous les discours dits « positifs » que les entraîneurs ne cessent de leur inculquer comme s'il fallait toujours, comme des surhommes, tout sublimer et dépasser.

La réalité humaine n'est pas ainsi. De mon côté, outre le concept de « corps épandu » (entre le corps étendu de Descartes et le corps vécu de Husserl pour ne pas oublier le « biologique » de notre corps), j'ai aussi créé le concept de « hors phénomène » pour dire précisément ce moment du trauma où tout s'effondre : le monde autour de moi, et moi-même y compris. Il est bien des situations où la résilience est quasi impossible. La mort d'un enfant, par exemple. On ne s'en remet pas, et on ne s'en remettra jamais. On peut certes parler de travail de deuil, mais ce travail n'arrivera jamais à terme. Quand on tombe, ou quand on est tombé, il n'est pas sûr que l'on puisse parler si facilement et aisément de « résilience », ou de la possibilité de « rebondir », au sortir d'une course par exemple. Il s'agit d'abord d'habiter l'être-là que l'on est, et c'est déjà beaucoup.

Voulez-vous dire qu'on ne se remettra jamais vraiment d'un échec ? Cela reviendrait à dire, en termes théologiques, qu'il vaut mieux demeurer dans son péché dès lors qu'il n'y a pas de salut…

Pas du tout. Je veux seulement indiquer qu'il convient d'habiter l'échec, comme d'éprouver son péché. Ni la *résilience* dans le sport ni le *salut* dans la théologie ne se donnent d'un coup de baguette magique ! Tout cela est affaire de « traversée », de pâtir et de passage comme le dit bien le mot de « passeur » (d'où le titre de *Passeur de Gethsémani* pour dire la figure du Christ dans la souffrance).

De mon côté, et dans mon livre *Hors phénomène*, je préfère parler de « portance » et de « contenance » plutôt que de résilience. Parce qu'il y a des traumas dont on ne se remet pas et dont on ne se remettra jamais – il n'est pas sûr par exemple qu'on puisse si facilement se relever d'une médaille tout juste manquée aux Jeux olympiques. Il ne reste pas qu'un simple « goût amer » chez le sportif, mais une véritable faille ou blessure dont il gardera toujours le stigmate, même s'il gagne d'autres médailles et conquiert d'autres victoires. Il y a de l'*irréparable* dans le sport, comme il y en a aussi dans la vie ordinaire. Il me semble qu'on doit parfois vivre avec son échec qui fait partie de soi (comme le trauma), plutôt que de vouloir toujours en sortir.

La « portance » veut alors dire que l'on se tient au-dessus de son trauma au sens où l'on est porté par lui sans jamais le quitter : comme la « portance » des ailes d'un avion sur l'air par exemple. Et la « contenance » indique qu'il convient de ne pas éclater en raison de son trauma ou de son échec. Et c'est là que les autres, ou les entraîneurs, sont si importants – si leur rôle n'est pas de dire trop vite au champion qu'il va sortir ou s'en sortir, mais seulement d'être présent à ses côtés pour l'assurer, et non pas seulement le rassurer, dans ce qui va lui arriver. L'entraîneur est aussi un premier de cordé, et cela, il ne doit pas l'oublier.

La véritable structure du salut, y compris en théologie, n'est donc pas de dire et de croire que tout est si facilement effacé. Car si Dieu nous tire du péché (salut par rédemption), il habite aussi notre humanité (salut par solidarité). On ne peut pas, ou on ne peut plus aujourd'hui, attribuer la maladie ou la mort au seul péché. On sait bien que la maladie est un dérèglement organique du corps mais qui appartient aux possibilités constitutives du corps comme tel (une tumeur cancéreuse par exemple). Et on sait aussi qu'« il suffit de naître pour mourir », pour reprendre le paysan de Bohème cité par Heidegger, et que donc la mort est aussi une conséquence de la vie et non pas uniquement un défaut de la vie. Le péché n'est pas de mourir comme tel, mais de s'enfermer sur la mort. C'est ainsi d'ailleurs que le judaïsme et les pères de l'Église ont interprété cette fameuse formule du livre de la Genèse : « Du jour où tu mangeras de cet arbre (de la connaissance du bien et du mal), tu mourras » (Gn 2, 18). La mort dont il est question ici est spirituelle et non pas biologique. L'hébreu dit : du jour où tu mangeras de cet arbre, « tu mourras de mort », c'est-à-dire tu *souffriras de mourir*. Il y a un « caractère naturel de la mort » comme l'a très bien montré le théologien Karl Rahner. Et la vraie mort dans le Bible, mais peut-être aussi dans le sport comme en toutes les dimensions de notre vie, n'est pas d'être détruit, mais de s'enfermer soi-même sur cette destruction. Avant donc de faire de la résilience ou du « rebond » l'impératif de toute vie, et en particulier de celle du champion, on doit reconnaître que le fait d'habiter la contre-performance (en sport) ou le péché (en théologie) est la meilleure manière de ne pas se fuir soi-même, et d'être pleinement l'homme (ou la femme) que l'on est, sans se rêver être ce qu'on n'est pas et qu'on ne sera jamais.

Résurrection et relèvement

La théologie chrétienne place la résurrection, qui est une forme de relèvement, au cœur de son message. À force de vouloir habiter ce que l'on est, ne risque-t-on pas de perdre tout espoir dans ce qu'on voudrait être ?

Vous avez tout à fait raison de le souligner. La résurrection en christianisme est bien une forme de relèvement, elle est même par excellence « le » relèvement pour le chrétien : *anastasis* en grec, « l'acte de se relever » ou de « se mettre debout ». Le Christ ressuscité est le Christ « debout » sortant du tombeau comme l'a souvent représenté l'art religieux (je pense en particulier au *Retable d'Issenheim* de Mathias Grunwald où l'on voit certes d'un côté la crucifixion du Christ, mais aussi de l'autre le Christ qui sort du tombeau en se tirant de son linceul dans un halo de lumière). En ce sens, il s'agit bien dans le christianisme de se relever (*anastasis*), plus encore que dans le sport peut-être.

Mais ce qui fait le propre du « relèvement chrétien », par rapport au « relèvement sportif » par exemple, est que ce relèvement se fait toujours « par un autre », ou qu'on ne se relève jamais « tout seul ». Vous me direz certes que les sportifs aussi ne se relèvent pas non plus tout seuls, et qu'ils ont besoin de leur famille, de leur entraîneur ou de leur équipe pour « prendre le dessus » et continuer à gagner. Mais la performance du sportif est toujours *sa* performance, et c'est finalement toujours *par lui* et *à partir de lui* que la victoire se produira. Dit autrement, il y a une certaine forme d'« héroïsme du sujet » dans le sport qui fait partie de son essence même. Le champion est finalement, et en dernier ressort, toujours seul à l'heure de réaliser sa course, d'entamer son combat, d'entrer sur le court, ou de faire son match.

On dira alors, et avec raison, que l'homme en général est *toujours seul* dans sa vie. Et cela vaut en particulier de la mort comme l'a parfaitement montré Martin Heidegger dans son grand ouvrage *Être et temps* (1927). Mais cette solitude, qui peut aussi être celle du trauma ou de l'échec, est brisée par la résurrection. C'est cela qui est nouveau dans le christianisme – à savoir le fait de ne plus être tout seul avec soi parce que le Christ ressuscité habite en moi. « Ce n'est plus moi qui vis, c'est le Christ qui vit en moi ». Cette formule de saint Paul dans l'*Épître aux Galates* est absolument essentielle quant à la résurrection (Ga 2, 20). Avec le Christ ressuscité, je ne suis *plus jamais seul* dans ma vie, dans ma performance comme dans ma contre-performance, car je vis toujours « avec un autre » qui se tient en moi et se bat avec moi. *Sa* vie est en quelque sorte *ma* vie, ou à tout le moins puis-je me nourrir de la sienne, y compris dans mon corps, puisque « le Verbe s'est fait chair » et qu'il a « habité parmi nous » (Jn 1, 14). Cette assomption totale de l'humain par l'incarnation du Christ doit aller jusqu'à la résurrection où rien n'est oublié de ce que je suis, y compris la mort du corps dont il me relèvera définitivement lors de la résurrection finale.

***

Entrer dans la gloire...

Si le Christ « entre en gloire » à la fin des Temps, après le Jugement dernier, peut-on pousser l'analogie jusqu'à dire d'un sportif qu'il « entre aussi en gloire », ou « dans sa gloire », lorsqu'il a gagné une médaille olympique, par exemple ? Il y aurait une « gloire du sportif » comme il y a la « gloire de Dieu ».

L'analogie est belle, et même juste, mais tout dépend de ce que nous entendons par gloire. Ce mot veut d'abord dire « ce qui a du poids », en hébreu *kabôd.* La gloire, dans la religion juive comme dans la religion chrétienne, n'indique pas d'abord le fait d'avoir gagné, plutôt de « peser », de compter pour quelqu'un, d'influer sur lui. La gloire de Dieu est ainsi celle de Yahvé qui compte sur son peuple pour se révéler, et non pas uniquement celle de vaincre ses ennemis, même si cette dimension est aussi très présente dans la Bible. En christianisme cependant, et c'est un point que j'ajouterai, la résurrection est la manifestation de la « gloire de Dieu » au sens où elle prend tout en charge du « poids » de ce que nous sommes. *Oneri mihi sum*, « Je suis un poids pour moi » disait saint Augustin dans ses *Confessions* (X, 28, 39), mais « avec toi Seigneur, le joug est facile à porter et le fardeau léger » (Mt 11, 30).

Dieu ne prend pas la place de l'homme mais il porte « avec l'homme » et « en lui » le poids de l'existence comme telle. Il n'y a pas de « gloire de Dieu » sans « gloire de l'homme », parce que Dieu s'est fait homme, et que tout ce qui appartient à l'homme appartient aussi à Dieu.

En ce sens, la résurrection n'est jamais une restauration ou un retour en arrière, comme on le croit parfois à tort. Il n'a jamais été question de revenir à un quelconque état originel avant le péché dans le christianisme. Il faut définitivement rompre avec ce mythe de l'âge d'or. La résurrection est une *métamorphose*, une *transformation*, un « *devenir autre* » en Dieu : « Tous vous serez transformés – littéralement métamorphosés et devenus autres (*alassô*) – en un instant, en un clin d'œil, au son de la trompette finale », nous dit saint Paul dans la *Première épître aux Corinthiens* (1 Co 15, 51-22). La résurrection est *Métamorphose de la finitude* en cela qu'elle transforme tout de notre être, y compris l'angoisse de la mort dont nous sommes pourtant constitués.

La gloire du champion est bien aussi, certes, d'être *transformé* lui aussi. Mais il l'est le plus souvent aux yeux des autres plutôt que de lui-même. Il devient le médaillé olympique du 100 mètres, le champion du monde d'escrime, le victorieux de la coupe du monde de football, mais en oubliant peut-être *qui* il est lui, et *qui* il doit encore devenir. Les véritables héros sont ceux qui portent leur gloire en toute discrétion, ou qui ne la portent pas seuls. Ce sont eux que l'histoire retient d'abord, car l'homme doit toujours primer sur sa performance. Ce que nous sommes n'est pas seulement ce que nous avons réussi, mais l'humble et sinueux parcours par lequel nous avons fait de notre vie une « œuvre », c'est-à-dire l'expression de ce que nous avons traversé pour eêtre devenu ce que l'on est.

On doit bien le reconnaître. Les sportifs sont en quelque sorte les héros et les saints de notre temps. Le propre du « saint » ou du mysticisme chrétien est que l'âme n'est à la fois jamais en complet repos et toujours habitée par un autre : « L'âme du grand mystique ne s'arrête pas à l'extase comme au terme d'un voyage », souligne le philosophe français Henri Bergson pour clore son grand ouvrage *Les deux sources de la morale et de la religion* (1932). « C'est le *repos*, si l'on veut, mais comme une *machine qui resterait sous pression* » [PUF, p. 244]. Tel pourrait aussi être le programme de tout sportif, voire de tout champion, dès lors que la course compte tout autant que le gain, ou le chemin pour y parvenir que le but lui-même. L'appel à la sainteté ne supprime pas le fait de gagner, mais seulement celui de s'approprier la victoire.

Entretien avec
Ghaleb Bencheikh

HOMO LUDENS ET L'ISLAM

Ghaleb Bencheikh, vous êtes islamologue et actuellement président de la Fondation de l'Islam de France, pouvez-vous préciser, dans les grandes lignes bien entendu, quel statut a le corps de l'homme dans la – ou les – tradition(s) musulmane(s) ? Y a-t-il seulement un accord théologique sur cette question ?

Vous avez raison d'utiliser le pluriel à propos des traditions islamiques notamment dans l'obédience sunnite. Autant chez les chiites il y aurait un clergé d'ordre académique et non d'ordre sacerdotal, il n'y a rien de similaire dans la tradition sunnite où l'on ose même parler d'incurie au sens premier du terme. Il n'y a pas de curie. En réalité, il y aurait *de facto* un clergé constitué des gestionnaires du sacré et des entrepreneurs religieux, gardiens de la tradition. Dans ces différentes écoles, le corps a une place prépondérante, centrale, car nous venons dans ce monde-ci dans un corps et nous le quittons avec un corps. L'homme naît dans une enveloppe charnelle puis suit la décrépitude naturelle, s'il n'y a pas d'accident, qui met fin à son aventure terrestre ici-bas. Le plus petit dénominateur commun à ces traditions réside dans cette enveloppe charnelle. Elle est au départ argileuse, adamique au sens étymologique du terme, donc pulvérale, de poussière. Cela nous rappelle le passage biblique : *Memento homo quia pulvis es et in pulverem reverteris*[1]. Simplement, l'enveloppe charnelle de limon, crissant, argileux, est anoblie par le souffle divin – ce que les théologiens appellent la dimension pneumatique de la personne humaine. *In fine* l'homme est un *soma* plus un *pneuma*. Chez les croyants en une transcendance personnelle, le corps est grandi et magnifié par le souffle de Dieu.

Le corps est un scaphandre

Si on se place dans la perspective de l'histoire intellectuelle de l'Europe, il y a eu d'abord le moment grec : le corps conçu – chez Platon, par exemple – comme « prison de l'âme » puis, ultérieurement, la vision chrétienne qui imposera en profondeur sa marque, et celle des Modernes, de Descartes en particulier, pour lequel le corps et l'âme sont des substances distinctes. Trouve-t-on pareil dualisme dans l'Islam ? Comment est pensée l'articulation de l'âme et du corps ?

Très tôt, y compris chez les philosophes musulmans hellénisants il y a eu cette idée duale de corps et d'âme. L'âme vient animer le corps et lui donner vie. Le corps seul, en terme plus contemporain, est un scaphandre dans lequel se meut et s'émeut l'âme humaine. On perçoit cette notion très tôt non seulement chez les

1. « Souviens-toi homme que tu es poussière et à la poussière tu retourneras ».

théologiens eux-mêmes, mais aussi chez les premiers philosophes comme Al-Kindi, dans son sillage Al-Fârâbî et surtout chez Avicenne dans son livre *La Guérison*, un livre de métaphysique où il est question de l'âme. Affublée de quelques épithètes, l'âme donne vie, sens et noblesse à un corps déiforme – à la forme de Dieu. Cela rappelle l'histoire de la création de l'homme dans un passage coranique où nous comprenons que cette forme est la meilleure voulue par Dieu :

> Ô homme ! Qu'est-ce qui t'a trompé au sujet de ton Seigneur, le Noble, qui t'a créé, puis modelé et constitué harmonieusement ? Sous quelque forme que ce fût, Il t'aurait façonné[1].

En réalité, cette enveloppe charnelle n'est rendue davantage belle que par l'âme qui l'habite. Laquelle âme gravit aussi des échelons de l'âme instigatrice du mal passant par l'âme réprobatrice jusqu'à l'âme harmonieuse, heureuse et apaisée.

---

1. Le Coran, sourate 82, *La rupture*, versets de 6 à 8.

Corps ressuscités

Y a-t-il dans l'islam quelque chose qui s'apparenterait à la résurrection des corps, comme dans la tradition chrétienne ? Qui confère au corps un statut très particulier…

Il est clair que dans la version standard de la tradition religieuse islamique, il y a cette idée que l'aventure humaine ici-bas n'est qu'une grande pâque. L'homme est de passage dans ses tribulations terrestres caractérisées par sa nudité primordiale. Il vient nu en ce monde et il en repart nu. Puis, il aura à répondre devant le tribunal céleste de ses actes. Il s'expliquera devant le Grand Juge de ce qu'il a fait de son temps, de sa jeunesse, de son savoir, de sa fortune, de son pouvoir, si tant est qu'il ait pu avoir tout cela. Cette comparution se fait corps et âme. Mais, comme personne n'a vécu ce moment-là, cela ne reste qu'une spéculation au sens premier du terme : voir au loin.

L'on rapporte, dans cette idée de résurrection des corps, que les organes eux-mêmes auraient à témoigner, à supposer qu'on veuille éluder tel aspect de sa vie. La main dirait si j'ai volé ou donné ; le pied confirmerait être allé ou non à tel endroit ; la langue témoignerait si j'ai menti ou dit la vérité. Toutefois, n'oublions pas qu'il s'agit de constructions humaines qui remontent au premier tiers du VIIe siècle sitôt après la mort du prophète Muhammad en 8 juin 632. Les considérations dont nous faisons état sont plus tardives, entre la fin du VIIIe siècle et le début du IXᵉ siècle, sous l'empire des Abbassides dans sa phase de consolidation.

QUE PEUT LE CORPS ?

La question formulée par Spinoza dans l'Étique, rendue célèbre par Deleuze : « Que peut le corps ? », est à la fois subversive et radicale. A-t-elle pour vous une pertinence théologique ?

La question a sa pertinence théologique, en effet. Le corps peut beaucoup dans ses degrés de liberté de mouvement aurait dit un physicien. Mais les contingences sont indépassables : la nuque restera toujours un mystère pour l'œil, pour parler comme Paul Valéry. Indépendamment des miroirs et du speculum, on ne peut voir que ce qui est donné à voir. Si nous ne disposons pas d'outils qui prolongent nos organes naturels ou d'autres moyens technologiques qui nous « augmentent », nous ne pouvons pas aller au-delà des limites du corps déterminées par la chaleur, la froidure, la gravité ou la douleur.

Lorsque Spinoza pose cette question, c'est une façon de rabattre les prétentions de la conscience. Si le corps peut, alors sans doute a-t-il une capacité d'anticipation et d'initiative qui ne doit rien aux décrets libres de la conscience…

Ce dont il m'a été donné de comprendre de la philosophie de Spinoza est que l'homme a beau être doté d'un corps et d'un esprit, il ne se définit pas uniquement par la conscience. Si l'esprit humain est constitué par des modes de pensée, et en premier lieu par des idées, il n'est pas présenté comme un être pensant conscient. N'a-t-il pas dit que « les hommes se croient libres, pour la raison qu'ils ont conscience de leurs volitions et appétits et ignorent les causes qui les déterminent ». Est-ce à dire alors que la conscience chez Spinoza n'est qu'un épiphénomène mineur et tardif ? C'est possible, mais, il me semble que pour lui, elle joue un rôle décisif comme un principe de discrimination entre le sage et l'ignorant.

Ce que je crois percevoir de l'économie générale du système spinoziste est que la conscience de soi se fait jour à travers les idées des affections du corps, car l'esprit ne se connaît pas directement lui-même. En effet, si l'esprit *est* l'idée du corps, il n'*a* pas l'idée du corps, car il ne connaît pas la nature de toutes les parties qui entrent en nombre indéfini dans sa composition. En revanche, lorsque le corps est affecté, l'esprit en tant qu'idée du corps perçoit de manière plus ou moins confuse ce qui arrive à son objet[1].

Mais, nous ne sommes plus au temps de Spinoza. Lorsque d'aucuns rapportent que le Dalaï-lama n'exclurait pas d'être réincarné en ordinateur avec un téléchargement de la conscience, je ne sais plus qui est premier ou primordial. Est-ce le corps ou est-ce la conscience ? Je n'ai aucune prétention à donner une

---

1. *Éthique* II, XXIV.

réponse tranchée surtout dans le débat contemporain de la pensée théologique islamique, de ce qui relève de l'anticipation ou non du corps. Néanmoins, je pense qu'*in fine*, la conscience garde un rôle central.

L'image du corps

Le corps, dans la tradition islamique, peut-il faire l'objet de représentation (des miniatures ne montrent-elles pas le Prophète en chair et en os)? Certes, on sait que l'islam ne valorise pas les images…

L'aniconisme est très récent dans les contextes islamiques, aussi étonnant que cela puisse l'être. Il remonte au temps de la stagnation puis à la régression et à la décadence qui ont succédé à l'apogée civilisationnel caractérisé notamment par le règne de Soliman le Magnifique (1520-1566). Nous sommes en plein XVIe siècle, l'Empire ottoman lui-même va être concomitant de deux autres grands empires : la dynastie safavide et la moghole.

Nous voyons que dans cette civilisation impériale, ottomane, safavide et moghole, la représentation du corps humain est omniprésente. J'ai en tête toutes ces belles femmes safavides dans les représentations persanes comme on peut en trouver de semblables dans les miniatures, quelles que soient les écoles. Les ateliers de Tabriz et d'Ispahan en produisaient à profusion, y compris de représentations de la figure du Prophète et de ses compagnons, des califes comme l'imam Ali pour la tradition chiite.

Par la suite, le rigorisme du mouvement wahhabite aidant avec les crispations et les convulsions paroxystiques que nous connaissons maintenant, l'aniconisme va prendre le dessus et on ne verra plus ou très peu les être animés dessinés. Cela laissera place à une autre forme d'art abstrait, sous forme d'entrelacs de figures géométriques et florales à côté des beaux calligrammes.

Cependant, il est clair qu'il n'y a pas, dans l'univers islamique, une tradition artistique picturale et sculpturale affirmée des représentations du nu sauf les fresques du complexe architectural Qusayr Amrah, à l'est d'Amman dans le désert jordanien. En revanche, il existe quelques imams et historiens de l'art spécialistes du Caravage, de Raphaël, de Zurbarán et dans leur sillage toute une tradition de peintres qui ont exécuté de très beaux portraits de nus notamment féminins.

Corps nus

S'il y a une mise en scène du corps, c'est d'un corps toujours couvert. Que dire de la nudité masculine ou féminine ? Rappelons que le mot « gymnastique », en grec, renvoie au corps « nu » ? La statuaire antique célébrait le corps dénudé de l'athlète…

La mise en scène du corps est effectivement principalement celle d'un corps habillé. Dans l'interprétation traditionnelle, le corps féminin appellerait à plus de pudeur et donc à s'emmitoufler et le corps masculin, toujours selon cette même version serait à cacher du nombril au genou. Le reste pourrait apparaître. La preuve est qu'au temps fort de la liturgie islamique – au moment du pèlerinage –, les circumambulations autour de la *Kaaba* donnent lieu à une manière d'être vêtu qui laisse apparaître une bonne partie du torse et de l'épaule de l'homme alors que la femme est bien vêtue et à visage découvert. Ce qui sous-entend que les billevesées et autres fadaises de *burqa* et de voile intégral ne relèvent que de l'excès.

Dans son commentaire moyen de la *République* de Platon, Averroès (1126-1198), parle de l'importance de fréquenter le gymnase et de la nécessité de s'adonner aux pratiques physiques pour les garçons et pour les filles. Un débat subsiste de nos jours pour savoir si ces activités physiques se pratiquaient corps dénudés ou légèrement vêtus. Une chose est sûre, c'est que les jeunes filles n'étaient pas entièrement voilées.

Du burkini

Le burkini aurait-il alors une certaine légitimité ?

Non, le burkini n'a pas de légitimité. En aucun cas et d'aucune manière. C'est une provocation supplémentaire. Il s'agit d'un accoutrement très récent, remontant à quelques années, sur une idée d'une femme australienne musulmane. Cet habit ne satisfait nullement les salafistes pour qui la femme n'a pas à se trouver dans la situation ou elle-même peut voir la nudité d'autrui, hommes et femmes, d'une part ; et d'autre part, si on a quelque chose qui épouse le corps c'est la forme elle-même suggestive qui est prohibée par les fondamentalistes. Aussi, se retrouve-t-on, du côté des conservateurs et *a fortiori* du côté des salafistes dans leur lecture littéraliste rétrograde, insatisfait. Et, dans notre débat français, cela ne satisfait pas non plus les tenants d'une lecture laïciste. Dans un cas comme dans l'autre, nous sommes dans une forme d'excitation par cette volonté de concilier le fait de cacher la nudité et de jouir des bienfaits de la mer ou de la piscine.

Pudeur, valeur ou principe ?

Il est vrai que la pudeur est une notion difficile à cerner. Ses modalités sont toujours particulières, dans le temps et dans l'espace.

L'axiologie moderne distingue la vertu et la valeur du principe. La valeur morale est un critère de choix qui guide le jugement moral des individus et des sociétés. Les valeurs morales finissent par donner naissance à des corps de doctrines qui prennent la forme d'obligations et de devoirs quasi immuables, mais non indiscutables en théorie. Ainsi s'imposent-elles à la conscience comme un idéal qui se veut le plus souvent universel, sinon universalisable. Quant au principe, c'est un concept philosophico-juridique qui désigne une source, un fondement, une vérité première d'idées ou de réalités empiriques observables. On parle ainsi du principe suprême de l'Être tout comme on évoque l'âme comme un principe de vie. Cela relève davantage des options métaphysiques et des approches ethnoculturelles. Dans les années quatre-vingt, en France, l'exposition du sein sur les plages a paradoxalement désérotisé le corps féminin alors que lorsqu'il est plutôt caché, la moindre parcelle qui apparaît attire un regard concupiscent. Il n'y a donc pas de définition unanimement admise de la pudeur. Si ce n'est que la véritable pudeur réside dans l'éducation morale prodiguée par la famille et certaines institutions éducatives.

Purification des corps

Les rites de purification (les ablutions, par exemple) occupent une place centrale dans la religion musulmane. Le corps serait-il impur ?

Le corps humain n'est absolument pas souillé ni impur – il n'y a aucune impureté intrinsèquc au corps. En revanche, les ablutions marquent avec solennité ce temps particulier où l'on entre dans un espace-temps consacré. Un continuum dans lequel on accède au divin, une manière de se préparer à changer de monde, quitter le monde profane pour entrer dans la sacralité de la présence divine s'il s'agit de la prière. Le fait d'aller « propre » et « pur » à la prière n'est pas une tradition exclusivement islamique, elle concerne l'ensemble du monothéisme abrahamique judéo-islamo-chrétien. Plus spécifiquement, la femme doit également se purifier à l'occasion des menstrues et lors de l'accouchement. C'est tout un débat sur la souillure du corps féminin en ces moments qui a tendance à être tranché uniquement dans le sens d'être propre et près de se présenter devant le divin – ces purifications édictées par la religion sont d'usage d'une autre façon dans nos civilités. *Mutatis mutandis*, si j'ai rendez-vous demain avec le Premier ministre, je serai propre sur moi, me raserai, m'habillerai en costume et mettrai une cravate. Je marque la solennité d'un moment. *A fortiori*, lorsque l'on est en oraison intime avec la présence divine, il y a lieu de marquer la gravité de la rencontre. Voilà le sens de ces ablutions que l'on peut imaginer davantage nécessaires encore lorsque l'on est dans le désert avec les cheveux ébouriffés et la barbe hirsute. Il nous faut nous dépoussiérer et si l'eau venait à manquer, nous aurions recours à la lustration pulvérale qui consiste à utiliser un peu de sable ou une pierre polie pour mimer les gestes d'ablution et de lavage des mains.

La douleur et la morale

Pour un musulman, est-ce que la douleur, physique en particulier, a une valeur morale ? On pense au supposé dolorisme chrétien, qui fait lui-même l'objet de vifs débats théologiques…

Il n'y a aucune approche doloriste dans la tradition islamique. Bien qu'il y ait eu quelques *oulémas* qui auraient expliqué la maladie par le châtiment divin, le dolorisme est absent de la théologie islamique. Il n'y a aucune doctrine spirituelle ou religieuse qui exalte la douleur pour elle-même. Il n'y a pas de valeur morale attribuée à la souffrance. La douleur est là sans aucune vertu expiatoire. L'épreuve n'est pas recherchée pour elle-même mais les êtres humains n'en sont pas moins éprouvés. Éprouvés moralement par la mort d'être chers, par la perte de biens ou de récoltes, par les banqueroutes financières ou faillites entrepreneuriales mais ils sont aussi éprouvés physiquement parfois par la mutilation ou l'amputation. Les musulmans se retrouvent dans la parole de Job : « L'Éternel a donné, l'Éternel a repris, que le nom de l'Éternel soit béni[1] » – cela ne relève ni d'une résignation maladive, ni d'une acceptation morose, ni d'une soumission comme certains tentent de l'expliquer par l'étymologie erronée du mot islam. C'est simplement une acceptation d'un décret divin contre lequel on ne peut rien.

1. Job 1, 21.

Il faut plutôt laisser place à l'ataraxie, à l'absence de troubles intérieurs, et à la quiétude, après un temps de révolte et d'insurrection devant ce qui apparaît plutôt comme une injustice.

Corps martyrs

Dans le monde shiite, il y a parfois des scènes d'autoflagellation spectaculaires. Des scènes collectives très impressionnantes montrant des corps ensanglantés, lacérés, entaillés…

Dans le martyrologe shiite, une certaine tendance commémore le martyre de Hussein, fils d'Ali et petit-fils du Prophète. Le 10 octobre 680, lors de la bataille de Karbala, Hussein est assassiné avec des membres de sa famille par l'armée de Yazid, premier fils de Muawiya 1er. Commémorer cette tragédie pour des shiites fanatisés consiste à s'identifier à ces martyrs en allant jusqu'aux mortifications par autoflagellation – ce qui surprend d'ailleurs leurs coreligionnaires sunnites ou kharidjites. Nous pouvons observer, notamment à Manille aux Philippines, des scènes similaires pour la Passion du Christ lors de la Semaine sainte.

Il y a une différence à faire entre la douleur recherchée dans les pratiques de mortification et le sens que l'on peut donner à une souffrance que l'on n'a pas voulue. Pensons à la prière de Pascal « Pour demander à Dieu le bon usage des maladies ». Le rapport à la douleur, à la souffrance, est complexe…

En effet, il l'est. D'aucuns pensent que la douleur aurait une vertu expiatoire jusqu'à accorder une sorte de sympathie au sens étymologique, dans le partage d'un pathos commun et synchrone avec celui dont la douleur est imposée – l'accompagner avec cette idée que si je compatis, je prends une partie de son pathos. De mon point de vue, cette attitude est inopérante. Dans quelques traditions soufies, il y a le mouvement des *malâmatis*, « ceux qui cherchent le blâme », et qui se comportent de telle façon que l'on porte sur eux l'opprobre et la honte. Il s'agit en la circonstance d'une douleur plus morale que physique. Ils le font délibérément pour tenter d'atrophier l'ego et juguler l'âme lorsqu'elle n'arrive pas à être contenue.

Culture physique

Le corps à l'évidence doit être entretenu, le souci d'hygiène en témoigne. Quelle est, dans l'islam, dans les écoles traditionnelles par exemple, la place accordée à la culture physique ? Y a-t-il une codification en la matière ?

Il existe un hadith du Prophète, authentifié, qui énonce que l'hygiène et la propreté sont une marque de foi. L'homme et la femme de foi sont forcément propres sur eux parce qu'ils ne doivent pas incommoder leurs semblables ou leurs voisins par une haleine fétide, par des odeurs désagréables ou par la saleté. À côté de cela, il faut un entretien physique.

On attribue toujours au prophète de l'islam d'avoir enseigné : « Apprenez à vos enfants, garçons et filles, ces trois disciplines : la natation, l'équitation et le tir à l'arc ». On pense que ces activités physiques étaient en vigueur en Arabie d'une manière générale et à Médine particulièrement. Le Prophète s'y adonnait y compris avec son épouse Aïcha, rapportent les chroniqueurs. Si je reviens à l'importance du gymnase dans l'éducation des jeunes gens chez Averroès, nous constatons le sérieux de l'entretien physique des corps.

Homo ludens et l'islam

Dès lors que l'activité corporelle est soumise à des règles instituées, on entre dans l'univers du jeu. Quelle est la position la plus partagée, chez les théologiens musulmans, à l'égard du jeu ? Est-il proscrit ? Que dit le Coran à cet égard ?

Le Coran – à supposer qu'il faille s'y référer tout le temps – ne s'y appesantit pas. Je pense qu'il ne faut surtout pas s'enchaîner aux références scripturaires, surtout lorsqu'elles sont de facture prescriptive ou normative car de nombreux passages de cet ordre sont à ramener à leur époque.

Il faut savoir relativiser le texte à son contexte et ne jamais l'utiliser comme un prétexte pour un nouveau contexte sinon, on prend en otage le texte ; il n'y a pas mieux que les liens hypertextes pour retrouver une valeur probante du texte.

En effet, un passage du verset 90 de la sourate 5 fait référence au jeu de hasard, au jeu de fléchettes ou d'amulettes pour le bon présage et aux boissons fermentées, comme étant les œuvres de Satan qu'il convient d'éviter. Mais l'être humain est joueur, il est *homo ludens*. Aussi, hormis ces quelques restrictions d'autres formes de jeux sont autorisées, voire imposées, comme les jeux récréatifs cérébraux que sont les échecs. Ils ont eu une grande fortune dans la civilisation islamique bien que certains salafistes y aient vu une perte de temps qu'il eût mieux valu consacrer à la prière. Les jeux récréatifs physiques sont aussi d'une grande importance. Le prophète Muhammad lui-même enjoint à se recréer en trouvant par le jeu des temps de respirations entre deux temps sérieux d'étude et d'acquisition du savoir, d'occupation professionnelle ou de prière. Les cours califales laissaient une grande place au jeu. La chasse est considérée par des émirs comme un temps de jeu et d'exercice physique incontournable. Il en est de même pour les courses à pied, les courses de chevaux ou à dos de chameau qui participent d'une véritable émulation entre les compétiteurs.

Du jeu au sport

Du jeu au sport, la transition s'impose. Comment le sport, qui est un phénomène moderne et d'inspiration européenne, a-t-il été reçu et intégré dans les pays où prévaut la culture musulmane ?

Nous sommes dans une ère de mondialisation. La pratique du sport est devenue quasi universelle – tout en considérant qu'il n'est d'universel que ce qui est sous-tendu par une force de persuasion, morale, économique, politique ou militaire. Il se trouve que ce qui est universalisable vient d'Europe ou d'Amérique du Nord et les pays où la population est majoritairement musulmane s'adaptent à ces visions du monde qui ont tendance à se généraliser et dont le sport fait partie.

La place du sport, dans le monde musulman, est aujourd'hui considérable… Le football, en premier lieu. Mais, certains sports ont pu faire l'objet de fatwa : l'Académie du droit musulman, qui siège à La Mecque, a ainsi condamné la boxe. Comment hiérarchiser les sports ? Certains seraient licites, d'autres illicites. Certains seraient à encourager, d'autres non… Mais selon quels critères ?

Elles sont curieuses ces *fatwas* qui pullulent en l'absence d'une véritable autorité centrale et de structure cléricale – c'est malheureusement celui qui hurle le plus fort qui sera entendu. Les prétendus Savonarole des temps modernes sont ceux-là même qui excitent les esprits et comme on a toujours plus radical que soi, on donne matière aux excès et à l'outrance. Aussi étonnant que cela puisse l'être, j'ai entendu moi-même une *fatwa* contre le football par les talibans et par un hurluberlu se réclamant d'Al-Azhar. Cela n'a pas tenu. Ces djihadistes se référaient au film *Timbuktu*, réalisé par Abderrahmane Sissako, où l'on voit des adolescents jouer au ballon sans ballon, tellement l'envie de jouer est intrinsèque à l'humain. Les interdictions et les condamnations ne prendront pas parce que le football, sport roi par excellence, y compris dans les contextes islamiques, est devenu au grand dam de certains, une seconde religion. Quel que soit le régime et même s'il fait l'objet d'une instrumentalisation, le football a toute sa place. Quant à la boxe, depuis que Cassius Clay est devenu Mohamed Ali et est considéré comme le plus grand boxeur de tous les temps, nombreux sont les musulmans qui sont fiers d'avoir un pratiquant du noble art de la même confession qu'eux. Ils sont fiers de pouvoir s'identifier à ce grand sportif, champion singulier malgré certaines frasques, et pour ses prises de position contre la guerre du Vietnam. De façon plus générale, la boxe et de nombreux autres arts martiaux sont encouragés dans les cultures islamiques avec cette idée qu'il vaut mieux que le croyant soit plutôt fort que d'être faible.

La fatwa, un arabisme à définir

On pourrait peut-être préciser le sens du mot fatwa. *Vous dites qu'il ne s'agit pas d'une condamnation, mais d'un avis. S'il s'agit d'un avis, et seulement d'un avis, et si on tient compte du fait qu'il n'y a pas de clergé hiérarchisé dans l'islam, on peut en conclure que tout musulman a « autorité » pour énoncer une* fatwa. *Ce qui en relativise aussi sa portée !*

Le vocable *fatwa* nécessite à lui seul une conférence *ad hoc*. Lorsque nous entendons des faiseurs d'opinion sur les plateaux de télévision, aux grandes heures d'écoute dire qu'un tel est victime d'une *fatwa*, en ajoutant aussitôt : c'est-à-dire d'une condamnation à mort, c'est une ineptie totale. Comme tous les mots arabes, le mot *fatwa* a une racine trilitère – la troisième lettre est ici, en réalité, une voyelle – <*f, t, w*>. Il renvoie à l'idée de donner une réponse ou une explication. S'il est un domaine qui me soit abscons et que vous en êtes un des connaisseurs, je viendrai vous consulter pour vous demander une *fatwa*. Et vous serez libre de me la donner ou pas. Poser une question en vue d'avoir une réponse, c'est l'étymologie même du mot. La *fatwa* devient la réponse à une interrogation pour une situation inédite – un *responsum*, au pluriel *responsa* dans sa version latine.

Pour l'anecdote, je vous raconte l'histoire d'une brave dame qui a perdu sa bourse dans un souk. Elle se lamente en s'écriant : « Oh Seigneur ! fais qu'elle ne tombe pas entre les mains d'un mufti ! » On lui rétorque qu'elle devrait plutôt prier le contraire. Elle répond alors : « Ah non ! Il serait capable de lui trouver une fatwa et de la garder... ». Cela veut dire que la *fatwa* n'a aucune valeur contraignante, c'est un simple avis. Libre à celui qui a été subjugué par les arguments qui sous-tendent cet avis de le suivre. Aussi étonnant que cela puisse l'être, la *fatwa* de Khomeiny, condamnant Salman Rushdie, n'est pas recevable d'un point de vue canonique. En milieu chiite, il ne suffit pas de décréter seul, il y doit y avoir préalablement tout un collège pour se mettre d'accord sur une *fatwa* d'importance. En outre, que ce soit chez les chiites ou chez les sunnites, les *fatwas* pour condamnation à mort ne sont pas valables puisque le châtiment suprême ne doit venir qu'après un jugement. Enfin, la *fatwa* est un mot-poison, parmi bien d'autres qui nous occasionnent tant de maux. *Fatwa*, *djihad*, salafisme, *charia*, islam, *hijab* sont des arabismes qui nécessitent d'ouvrir des débats pour éviter d'occasionner des dégâts.

In fine, en l'absence d'autorité centrale, chaque musulman et chaque musulmane peut être son propre *mufti* en vertu de cette phrase attribuée au Prophète qui dit en substance que lorsque l'on est seul face à une situation et que l'on n'a pas trouvé plus savant que soi, on doit s'interroger soi-même. Et si l'on a une réponse pour laquelle le cœur est apaisé, alors c'est que la réponse est appropriée.

Il n'y aurait donc pas de contraintes. « Pas de contrainte en religion », lit-on dans le Coran…

C'est effectivement le fameux verset 256 de la sourate 2 : « Nulle contrainte en la religion, la voie droite se distingue clairement de l'erreur ». Malheureusement, la monstruosité idéologique et religieuse incarnée par Daesh, Boko Haram, les Talibans, les chebabs de la corne africaine, démentent ce verset qui est pourtant on ne peut plus clair tout comme le verset 29 de la sourate 18 qui dit : « La vérité émane de votre Seigneur, croit qui il veut, ne croit pas qui il veut ». Si nous cherchons les versets coraniques qui militent dans le sens de la liberté de conscience, nous les trouvons nombreux, mais nous trouvons aussi certains versets martiaux et de facture belligène. Je suis atterré par la myopie de ceux qui ne veulent pas lire ce très beau passage de la sourate 5, le verset 54 qui dit en substance : « Oh vous qui avez cru, s'il advenait que quelqu'un parmi vous reniât sa foi, [eh bien] Dieu suscitera un peuple qu'il aimera et qui l'aimera ». On fait dire ce que l'on a envie à un texte dont les passages peuvent être contradictoires. Mais la règle doit être à la non-contrainte et le maître-mot est celui de la liberté. Lorsque l'on a une lecture intelligente – intelligence hybride – celle du cœur et celle de l'esprit, cette lecture doit aller dans le sens de la promotion de l'ouverture sur le monde, de la dignité humaine, de la fraternité, de la bonté, de la miséricorde, de l'amour, de la prise en compte de l'intérêt d'autrui, de la sollicitude et non pas dans le sens de la contrainte ou la volonté d'occire autrui parce qu'il n'aurait pas compris les choses comme on les a comprises soi-même et surtout qu'il n'aurait pas choisi le bon canal salvifique.

Sport et ramadan

Pendant le jeûne du Ramadan, les activités sportives sont-elles suspendues ? Ce qui introduirait une longue rupture dans l'entraînement des athlètes...

Trois dimensions sont inhérentes au jeûne. D'abord, une dimension d'école de vie, de patience et de maîtrise de soi où l'on œuvre sur ses mauvais penchants afin de juguler ses désirs, de réguler ses passions et de se retenir. Je ne suis pas pour le concordisme entre les données révélées et la science et il faut guérir de cette pathologie. Mais certains pensent qu'il doit y avoir, sinon le jeûne, au moins la diète pour purifier son corps de ses toxicités. Une deuxième dimension transversale, dans la cité, concerne la solidarité. Lorsque l'on est tenaillé par la faim, on pense *ipso facto* à ceux qui n'ont pas choisi de jeûner. Aussi doit-il y avoir un élan de générosité, d'entre-aide et de soins envers ceux, faméliques, à l'âme écrasée et affectés d'étisie. La troisième dimension est plutôt d'ordre spirituel. Elle consiste à ne pas chercher noise – conformément à l'aphorisme bien connu : « Si on te cherche noise pendant que tu jeûnes, réponds *Paix, je suis jeûneur.* » À la fatigue physique il y a une sorte de quiétude, une paix intérieure, et surtout on ne nourrit pas d'intentions belliqueuses contre autrui. On n'ourdit pas un complot ou une quelconque conspiration en période de jeûne.

Il peut paraître inconciliable de jeûner et de s'entraîner alors qu'on a besoin de boire et de manger. Là aussi, aussi étonnant que cela puisse l'être, il y a eu des *fatwas*, surtout lorsque l'honneur de la nation est en jeu, notamment lors des matchs de Coupe du monde de football pour autoriser cette fois les joueurs, habituellement de stricte observance, à ne pas jeûner le temps de la compétition, quitte à compenser cette dérogation par une aumône ou par un jeûne reporté. Je pense que nous assistons là à une tendance qui commence à se généraliser de plus en plus. Indépendamment des compétitions, soit c'est un temps qui va être mis à profit pour se reposer – une sorte de parenthèse – soit, sans vouloir jouer moi-même au *mufti*, ces sportifs pourraient adopter les mêmes principes accordés à ceux qui sont en compétition. Dans ce cas précis, peut-être que le fait de donner l'aumône aux nécessiteux est beaucoup plus important pour alléger leurs souffrances. En revanche au-delà de l'oxymore, si quelqu'un a envie de goûter à la saveur du jeûne, ce sera aussi une bonne chose pour le corps et pour l'esprit. Après deux ou trois jours de jeûne, un sentiment de repos intérieur vous traverse, doublé d'une souplesse recouvrée par le corps.

La place de la femme

Qu'en est-il, d'une manière générale, en terre d'islam, de la place des femmes dans la pratique du sport et dans le spectacle sportif? Leur présence dans les stades, par exemple, n'a été autorisée que très récemment en Arabie Saoudite.

Il faut tout d'abord penser la place des femmes dans la société d'une manière générale. J'ai toujours soutenu l'idée selon laquelle la condition féminine est un enjeu de civilisation et que la femme doit être au cœur du projet démocratique, toujours en devenir, toujours perfectible. On ne reconnaît le degré d'avancée éthique d'une société qu'à l'aune de l'épanouissement des femmes en son sein. Force est de constater que dans des contrées islamiques il y a un statut infrahumain inacceptable pour les femmes alors que cela n'a pas toujours été le cas à travers l'histoire. Certaines femmes musulmanes ont été perçues comme des femmes dissolues par les chrétiennes et les juives vivant avec elles. Si nous savions ce qui pouvait se passer dans les jardins sous Tamerlan à Samarcande, comme art de vivre, comme hédonisme, comme approche épicurienne du plaisir, comme volonté de jouissance et de relation harmonieuse entre les hommes et les femmes, nous ne serions pas dans la pudibonderie affectée que nous connaissons maintenant. Ce qui se passe, notamment en Arabie Saoudite, est dû à une déferlante d'un courant obscurantiste, le wahhabo-salafisme, qui a brimé la femme sans raison aucune. L'interdiction d'aller dans les stades ou l'interdiction de conduire une voiture ne repose sur aucun fondement théologique. À supposer par extraordinaire que la femme fût interdite de monter à cheval ou à palanquin sur un chameau, nous pourrions à l'extrême rigueur dire, par analogie – casuistique prisée par les fondamentalistes – que les chevaux de l'époque sont devenus les chevaux-vapeur de maintenant. Mais comme les femmes pouvaient monter à cheval à l'époque, cette hypothèse casuistique n'a aucun sens. Ces interdictions de stade et de conduite viennent d'être levées et ce n'est que justice bien tardive. Les hommes semblent revenir au bon sens après avoir tout essayé. Cela aurait dû être dans l'ordre naturel des choses depuis longtemps.

Quant à la participation de la femme, cela ne posait aucun problème dans certaines sociétés et je peux en témoigner. Les sportives maghrébines, tunisiennes, algériennes, marocaines, syriennes et afghanes d'avant le désastre pouvaient accéder aux titres de championnes comme l'Algérienne, Hassiba Boulmerka, championne olympique, ou Nawal El Moutawakel, la Marocaine qui ont couru comme des compétitrices dans les tenues communes à toutes les sportives. On n'en est pas encore là ni en Arabie Saoudite, ni en Iran. On trouvera bien à un moment ou à un autre un bon *modus vivendi* entre la pratique sportive féminine et la société d'une manière générale. Faut-il céder au niveau des instances sportives internationales pour accepter que telle judokate saoudienne puisse combattre voilée ?

Le débat est ouvert. Certains considèrent qu'il serait préférable qu'elle le puisse pour revenir par la suite à une tenue vestimentaire quasi universelle ? D'autres *a contrario* pensent que ce serait céder au diktat des fondamentalistes. Ma religion n'est pas encore faite même si je place toujours le curseur du côté de l'intransigeance que l'on doit avoir face aux fondamentalistes mais, en l'occurrence, je ne souhaite pas pour autant que les femmes en soient brimées et privées de compétition sportive.

Mixité, primat à la laïcité

Se pose aussi la question de la mixité. Une question ravivée récemment en France par les débats autour d'éventuelles heures réservées exclusivement aux femmes dans les piscines publiques. Quelle réponse peut apporter le théologien que vous êtes ? La laïcité – notion complexe – doit-elle également concerner ce genre d'activité ?

Encore une fois, je pense qu'il est temps de dépasser cette pudibonderie affectée due au fait que « le moment Freud » et l'effervescence intellectuelle qui l'a accompagné n'ont pas eu lieu dans les contextes islamiques alors que le problème a globalement été réglé en milieux juifs et chrétiens. Je pense que cela viendra avec le temps dans les sociétés musulmanes. En ce qui concerne les piscines, ma réponse est claire pour le cas de la République française. Le primat doit être à la loi commune et à la laïcité non adjectivée. Ma compréhension de cette laïcité consiste à ne surtout pas céder aux demandes catégorielles – je n'utilise pas le mot séparatiste ne sachant pas encore très bien ce qu'il recouvre – je n'utilise pas non plus le mot communautariste parce qu'il faudrait davantage le préciser. Il ne faut pas céder et cela doit s'appliquer d'une manière générale à tous car il n'y a aucune raison pour que telle ou telle composante de la nation se voit accorder quelque chose alors qu'on le refuserait à d'autres.

Hors de France, je ne peux que déplorer la régression à laquelle on assiste à Tunis ou à Alger, notamment en ce qui concerne les compétitions de natation…

De la compétition

Portons notre regard sur le présent et sur l'importance croissante que prend la compétition dans l'activité sportive. Le sport amateur (celui que pratiquent au quotidien des millions d'adeptes, le sport « de petit niveau » dont parle Boris Cyrulnik) ne jouissant pas du même prestige…

La compétition est bonne lorsqu'elle est comprise comme une émulation – un jour pour l'un, l'autre jour pour l'autre – ou « que le meilleur gagne » selon la formule consacrée. Il est bien que dans une société donnée et au-delà dans la communauté des nations, que l'on célèbre le meilleur. *Citius, altius, fortius – communiter* – le plus rapide, le plus haut, le plus fort, ensemble –, selon la devise olympique. Le regard que je porte est un regard sain. Il est regrettable que cela dégénère en animosité et en une rivalité expugnable et que cela porte atteinte à son propre corps ou au corps d'autrui y compris en ayant recours au dopage ou à tous autres procédés illégaux.

Dans la tradition européenne, semblent avoir prévalu deux grandes conceptions de l'activité corporelle et sportive : d'un côté, selon le modèle antique et médiéval, il s'agissait, dans un monde fini, d'accomplir les virtualités du corps (modèle aristotélicien, si l'on veut), d'accomplir l'excellence de notre nature, aussi bien intellectuellement que physiquement. De l'autre, avec la modernité, qui nous a fait passer d'un monde fini à un univers infini (selon l'expression de Koyré), prédominera l'idée d'un dépassement de soi, d'une domination/transformation de la nature et de notre nature. D'aller toujours plus loin…

Le fait de « courir » indéfiniment est dangereux car il y a une perte de sens dans ses trois acceptions : l'orientation, la perception et la signification. Quel sens donner à cette course effrénée et indéfinie ? Pour quel but ? Quel est le *skopos* ? Quelle finalité à tout cela ? Quel est le *telos* ? Cela pose des questions téléologiques. L'humanité gagne-t-elle quelque chose en passant de l'excellence à la performance ? Il faut sans doute regarder avec circonspection et sagesse ce qu'il en est du culte du corps. Tout est dans la mesure. Les métaphysiciens musulmans évoquent la notion de balance présente dans la sourate 55, la sourate du *Miséricordieux*. Lorsque les choses débordent, il y a déjà dissonance et déchirure dans l'harmonie.

La compétition est au cœur de l'univers moderne : elle rythme les relations entre les pays, les entreprises, les élèves ou étudiants, la recherche de vaccins, les sportifs… Est-ce pour vous une « valeur » ?

Je reviens à l'idée de la valeur. Elle désigne ce qui peut avoir un caractère d'une importance précieuse, digne d'être estimée par un jugement. On adhère à des valeurs car elles répondent à des besoins dans une vision du monde. Elles produisent des effets positifs et deviennent des repères de l'existence et autant de jalons pour une vie bonne. À cet égard, la compétition pourrait être une valeur, mais comment la partager ? Peut-elle être universalisable ? D'aucuns soutiennent que la compétition elle-même signe la fin des valeurs d'entraide et de solidarité ! En réalité, tant que la compétition est comprise comme une saine émulation, elle est judicieuse et louable. Elle stimule, dynamise et devient le comburant de la réussite et de l'excellence. En revanche, elle devient pernicieuse quand elle est recherchée uniquement pour ce qu'elle est : un exercice pour exalter la performance en écrasant autrui. *Vae victis* et que Dieu bénisse les vainqueurs dans tous les domaines. Il n'y a pas de place pour les perdants et bien entendu l'échec n'a aucun droit de cité. Or le succès n'est pas final et l'échec n'est pas fatal. Devant cette chevauchée folle et nihiliste, il serait préférable de se poser et de laisser place à des relations entre personnes qui entraînent une obligation morale d'assistance mutuelle mue par une très haute idée de l'homme. Dans ce sillage, les besoins matériels de mon semblable deviennent mes propres besoins spirituels et *vice versa*. L'homme, cet éternel insatisfait, doit se recentrer sur ce qui est essentiel. Cette course effrénée relève du consumérisme fou et affolant. À quoi bon être le premier en tout et partout y compris dans l'accumulation des richesses et de ses signes extérieurs, les fameux SER. Sans vouloir faire ici une homélie, un peu plus de frugalité fructueuse et de sobriété heureuse combinée à une humilité vertueuse, nous iraient bien laissant ainsi place davantage à une vie bonne et à la qualité des relations inter-individuelles humaines. La compétition comme horizon eschatologique n'est pas l'idée que je me fais de la conquête du bonheur dès ici-bas.

L'essence du jeu n'est pas dans la compétition déchaînée. Elle apparaît d'un point de vue anthropologique comme un artifice tardif qui dévoierait le jeu en tant qu'il est une activité gratuite, récréative et non productive. Je remémore toujours ces cas qui illustrent la « valeur » éthique du jeu sportif : celui de certains footballeurs qui délibérément tirent un penalty hors cadre estimant qu'il n'y a pas faute en dépit de la décision de l'arbitre ; le cas du marathonien espagnol Ivan Fernandez Anaya qui, devancé par le Kenyan Abel Mutai, a constaté en effet, que son adversaire avait relâché son effort alors même qu'il n'avait pas franchi la ligne d'arrivée, il le voyait se tromper en arrêtant sa course. Il le lui a fait savoir tout en comprenant qu'il ne remporterait pas la course après son intervention. Le dernier cas est celui du judoka égyptien Mohamed Ali Rashwan qui a remporté quelque chose de bien plus précieux que l'or aux Jeux Olympiques de Los Angeles en 1984. En refusant de profiter de la blessure à la jambe droite de son adversaire japonais Yasuhiro Yamashita, Mohamed Ali Rashwan a perdu l'occasion qui lui était offerte d'être sacré champion olympique, le rêve de toute une vie. Simplement, il a été acclamé à travers le monde pour sa décision et pour ne pas être allé à l'encontre de ses principes.

À côté de l'homme défini comme un animal parlant, raisonnant et rationnel, un *zôon logikon*, il y a un *homo faber*, un artisan qui fabrique et produit, mais il y a aussi l'*homo ludens*. L'homme joue. Il le fait, à la fois pour exercer ses capacités mentales et pour se recréer dans une nécessaire respiration dans un temps dédié à la gratuité, à l'image des *Joueurs de cartes* de Paul Cézanne. Je m'inquiéterais de ne pas voir les enfants jouer mais je m'effrayerais davantage de ne jamais voir des adultes jouer. Et je comprends que certains vont jusqu'à dire que leurs propres ébats relèvent d'un jeu agréable. Oui, il est inhérent à l'homme de se divertir et il n'y a aucune raison de dévoyer le sens du jeu dans une forme de compétition implacable.

Le sport, une mythologie aliénante ?

Le sport fait naître une nouvelle mythologie – avec ses récits, ses héros, ses combats titanesques – qui s'impose peut-être au détriment d'autres mythologies qui pouvaient avoir de l'importance dans les processus de socialisation, dans la formation de l'imaginaire collectif. Que vous inspire cette empreinte dominante et quasi exclusive du sport dans l'imaginaire collectif mondial ?

Les activités humaines peuvent connaître des dérives et à l'évidence l'empreinte dominante du sport dans l'imaginaire collectif en est une. Il est vrai que les vertus de socialisation, les dimensions d'ordre et de discipline, d'autorégulation, de maîtrise de soi, de satisfaction aussi après l'effort intense consenti et les hormones du plaisir secrétées ont été dévoyées dans une nébuleuse mythologique qui altère, voire aliène les nobles caractères du sport. Nous n'avons d'autres choix que d'en prendre conscience et nous orienterons les finalités du sport vers *Que le meilleur gagne !* ou bien nous nous laisserons aller dans cette fuite en avant vers d'autres formes de religions. En l'espèce adviendraient alors la religion du sport et tout son domaine sacré.

On parle volontiers des « Dieux du stade » ? S'agit-il d'un polythéisme déguisé ?

Nous sommes dans un temps mondialisé avec un champ sémantique et un vocabulaire afférent qui renvoient ni plus ni moins à un culte avec ses dieux et leur Panthéon, avec ses prêtres et sa liturgie. Aucun groupe humain ne peut vivre sans un rituel qui soude les individus et qui donne sens à chacun d'entre eux. Le groupe humain du sport c'est l'humanité tout entière et à défaut de trouver une religion universelle, qu'à cela ne tienne, il y a le sport.

Sport et politique

Que le sport soit pénétré d'idéologie est une vieille affaire. On sait que si le sport est né en Angleterre, c'est sans doute lié à la montée en puissance de la bourgeoisie et de sa vision du monde. De ses manières d'être, de ses valeurs... Norbert Elias a dit l'essentiel sur cette question. Mais le sport peut aussi être instrumentalisé, mis au service du nationalisme ou des intérêts de tels ou tels associations, mouvements ou partis... Le sport n'est jamais neutre.

Toute activité qui mobilise les hommes est une opportunité pour les autocrates, les idéologues et les politiques de la manipuler et l'instrumentaliser. L'histoire contemporaine nous en a montré de nombreux cas dont les Jeux olympiques de Berlin, puis sous l'union soviétique avec le stalinisme et d'un autre côté, plus récemment, l'activisme islamiste pour gagner des prosélytes que les fédérations sportives essaient de bannir des stades...

On m'a fait comprendre que des joueurs de la sélection irakienne de football sous la dictature de Saddam

Hussein étaient bastonnés lorsqu'ils perdaient leur match. On n'est plus cette fois dans la carotte... il ne suffit pas de les priver de leur prime, on les punit quand l'honneur de la nation est bafoué. On faisait aussi chanter les hymnes nationaux dans les vestiaires en haranguant les joueurs, tels des gladiateurs prêts à mourir pour les régimes en place. Ces pratiques ne sont pas nouvelles mais elles persistent. Lors d'un récent mondial de football, les joueurs de l'équipe de Corée du Nord, après avoir pris une « raclée », se posaient la question de savoir s'ils pouvaient rentrer chez eux ou non.

Dans les régimes totalitaires, le sport est clairement investi d'enjeux idéologiques. La politique est omniprésente. Dans nos sociétés démocratiques, le sport fait aussi l'objet d'instrumentalisation : pensons, chez nous, à l'équipe Black Blanc Beur, avec cette idée que le football pourrait être un vecteur d'« intégration », qu'il pourrait fédérer les consciences citoyennes. Nous sommes en droit de nous interroger sur l'efficacité d'un tel modèle... ce modèle n'a pas pris parce que ses présupposés ne relevaient pas d'une lecture saine. À commencer par le mot *beur* qui est à reprendre. Il vaut mieux revenir au mot « arabe ». Il doit recouvrer sa dignité, sa fierté et sa profondeur civilisationnelle. Nous pâtissons en France depuis plusieurs décennies, d'une approche dépréciative de ce vocable en tant que tel. Hormis quelques parenthèses d'arabophilie, l'imaginaire collectif souffre d'une vision négative des termes arabes. Il en est de même pour le mot *black*

– on ne peut plus dire *negro* ou *nègre* de nos jours et je le comprends parce qu'il ne faut pas déterminer une personne selon sa couleur de peau – alors on trouve quelque chose d'euphémistique en ayant recours à l'anglicisme. De plus, on parle d'intégration. Or, on n'intègre pas ceux qui sont citoyens français depuis cinq générations, dont les parents se sont acquittés des tributs du sang, de la sueur et des larmes. Aussi, y a-t-il un problème de citoyenneté qui n'est pas tout à fait pleine et entière pour l'ensemble des citoyens. Ce sont des choses qu'il faudrait voir sérieusement et calmement mais avec détermination.

Le sport effectivement peut être un moyen de partager la citoyenneté et on n'a ni pu, ni su, ni voulu, ni réussi, en tout cas, à transformer l'essai de 1998. Entre un « Zidane Président » projeté sur l'Arc de triomphe et l'éviction d'un polémiste candidat à la magistrature suprême d'un complexe sportif appartenant à la famille Zidane, de nombreuses occasions ont été ratées.

Je continue néanmoins de penser que l'activité sportive, les disciplines sportives et *la* discipline comme un début de civilisation, peuvent et doivent être un moyen de vivre une citoyenneté apaisée.

Ghaleb Bencheikh et le sport

Vous semblez bien connaître le monde du sport, vous faites référence à des sportifs particuliers, à des résultats... Vous êtes, à l'évidence, un spectateur des événements sportifs. Mais êtes-vous vous-même sportif?

Je fus, moi-même, gardien de but dans une équipe de football. Cela donne une idée sur le personnage. Je préférais arrêter le ballon que de lui courir après. Curieusement, ce n'est qu'a posteriori que j'intellectualise l'idée mais je pense qu'en football, ce sport roi, le meilleur poste ou un des postes stratégiques est celui du gardien de but. Son rôle dans l'équipe, ses capacités physiques, ses réflexes, son agilité, sa puissance musculaire et surtout ses aptitudes psychologiques et son état mental sont de la plus haute importance pour un résultat probant. Ces qualités sont requises dans toutes les circonstances et décisives pour remporter la victoire. Il y a le gardien de but de surface et celui de ligne. On dit que c'est le Français Pierre Chayriguès qui, le premier, a quitté sa cage pour mieux anticiper le jeu et stopper les attaques adverses sur la totalité de la surface de réparation. Il y avait, de mon temps, des techniques qui ont beaucoup évolué de nos jours pour relancer les contre-offensives. Maintenant quand je vois comment joue un Manuel Neuer, un Thibault Courtois ou encore un Caylor Navas je suis très admiratif. Je reste subjugué par les gardiens de but de classe mondiale avec un jeu au pied qui n'a rien à envier à la technique d'un *libero*. J'étais encore enfant quand on vantait les mérites de Lev Yachine. Les meilleurs, pour moi, étaient Gordon Banks auteur de l'arrêt du siècle, Sepp Maier, Dino Zoff et Jean-Marie Pfaff, le Belge… Quant à ma propre pratique actuelle, je fais le strict minimum pour maintenir une certaine forme physique car le corps connaît fatalement une décrépitude inexorable qu'il faut accompagner avec l'illusion de la ralentir.

La fondation de l'islam de France

En qualité de président de la Fondation de l'Islam de France, vous devez être très attentif à la manière dont le sport peut être instrumentalisé par des associations plus ou moins confessionnelles, qui sont moins intéressées par le sport en lui-même que par les bénéfices idéologiques et militants qu'elles pourraient en tirer…

Nous sommes extrêmement attentifs et vigilants. La Fondation de l'Islam de France est une fondation laïque reconnue d'utilité publique œuvrant pour le bien commun. Son triptyque est de préparer le citoyen musulman par la culture et la connaissance. Pour cela, nous avons d'abord le volet éducatif à investir et à mener à bien de l'école jusqu'à l'université, ensuite le volet culturel est nécessaire pour décrisper les questions épineuses liées à l'identité puisée dans la donne religieuse avec une obsession quasi névrotique de la norme canonique. Enfin, le volet de la médiation sociale nous engage à aplanir les difficultés réelles de toute une jeunesse exposée à la délinquance ou à la radicalisation islamiste. Lorsque nous serons dans une période de vaches grasses, nous y ajouterons une dimension philanthropique et humanitaire à tous nos projets et nos travaux. Bien sûr que nous sommes particulièrement attentifs à ce que le sport ne soit pas détourné de sa visée première au travers des valeurs de discipline et de maîtrise de soi dans une compétition, non de la rivalité, mais de l'ordre du jeu bien structuré. Il est vrai que certaines associations détournent cela pour un projet dit séparatiste avec des idées qui gangrènent l'esprit des jeunes musulmans, garçons ou filles, avec une compréhension biaisée, dévoyée, anachronique, obscurantiste, rétrograde de la tradition religieuse islamique. Nous ne les laisserons pas faire.

De la schizophrénie

Ces mêmes associations peuvent délivrer un discours contraire, qui dénoncera l'occidentalisation rampante de certaines communautés via le sport mondialisé.

Ils vivent une réelle schizophrénie. Pour les citoyens français eux-mêmes, il y a un problème mais pour ceux qui ne sont pas citoyens, je ne vois pas quelle force les a obligés à rester pour subir cette occidentalisation. S'ils pensent qu'en Arabie saoudite ou en Iran, l'air y est plus respirable, qu'ils y aillent ! En revanche ceux qui sont citoyens français doivent comprendre que nous vivons une période de mondialisation. Celle-ci est un processus qui a commencé avec Sénèque. Il nous enseignait déjà en son temps, dans sa *Médée*[1] que :

> Nos ancêtres ont connu le temps de l'innocence.
> Ils étaient sans malice,
> Chacun restait paisiblement chez soi (…)
> En ces temps-là le monde était multiple.
> Ailleurs était vraiment un ailleurs.
> Mais le vaisseau thessalien a rompu l'ordre établi,
> Et réduit le monde à n'être plus qu'un.
> Il a frappé la mer qui dut souffrir ses coups de rame.
> Elle est bouleversée et les obstacles sont surmontés,
> Plus rien n'est de l'ordre de jadis.

Si déjà Sénèque avec le vaisseau thessalien pense que le monde passe de multiple à un, que dira-t-on, nous, aujourd'hui ? Passant par l'empire-monde que fut le califat abbasside jusqu'à nos jours, nous constatons que la grand-mère qui avait comme horizon les limites du canton, la petite fille a comme horizon les confins de l'univers. Force est de constater que dans cette planète, il y a une bonne part d'occidentalisation. C'est ainsi. Ce n'est pas en refusant la cravate comme veut le faire le régime iranien des mollahs, qu'on s'oppose à l'occidentalisation du monde. Ce n'est qu'un

1. Chœur II (301-379).

petit artifice. Si l'on a envie de contester l'occidentalisation – à supposer par extraordinaire qu'il faille le faire – ce sera par la connaissance, par les études, par la maîtrise de la technologie, par le savoir, par l'ouverture sur le monde, par une bonne *weltanschauung*, par une vision du monde apaisée, assainie et promotrice de valeurs humaines. Ce n'est pas en dénigrant un mode de vie dont on utilise les produits technologiques qu'on parvient à répondre à l'arrogance de l'Occident. Cette schizophrénie m'interpelle.

Un nouveau temps de l'humanité

Le développement conjoint des sciences et des techniques (les NBIC : Nanotechnologie, Biotechnologie, Informatique, sciences Cognitives) semble autoriser certaines anticipations. Ne faut-il pas craindre qu'elles soient mises au service de la performance illimitée : avec le corps augmenté (à commencer par le dopage), le corps appareillé (Oscar Pistorius) ou le cyborg (mixte d'humain et de mécanique) ? Ces nouvelles technosciences modifieront non simplement le corps sportif, mais aussi le corps humain en général. Qu'est-ce cela vous inspire ?

Cela m'inspire que l'humanité vit un temps fort et spécifique de sa longue et lente maturation – même si son apparition dans ce monde est récente par rapport à l'univers en tant que tel. Ces moments au sens hégélien sont les suivants : l'apparition du langage articulé et l'invention de l'écriture, la production du droit, le passage de l'ère mythique à l'ère historique, l'imprimerie de Gutenberg et maintenant – après la révolution industrielle – il y a la révolution numérique qui constitue un temps d'accélération de tout. La convergence des NBIC fait que l'on a finalement un homme mécanisé *modulo* un robot humanisé. Cet homme augmenté, comme dans un enchaîné-fondu, au bout d'un certain temps ne voit plus ce qui relève de la machine et ce qui relève de la partie biologique. On est confronté à une difficulté d'anatomie. Ce fut le syndrome de l'embryologiste en zoologie quand il étudiait le passage du têtard à la grenouille – il ne sait pas quand il faut cesser de l'appeler têtard et quand il faut commencer à l'appeler grenouille ? Quand pourra-t-on appeler l'humain « cyborg » ? Cela pose des questions métaphysiques réelles. Quelle incidence sur le corps si on le répare à chaque fois de façon sophistiquée, si, après chaque amputation ou suite à des mutilations, un organe performant vient le restaurer ? Cela nous conduit à l'idée-même de la mort de la mort. Auquel cas, quel sens donne-t-on à la vie ? Et pourquoi *in fine* l'homme continuerait-il de procréer ? Quel intérêt y aurait-il à peupler la planète ou à coloniser d'autres astres si lui-même ne devait plus mourir si ce n'est que de manière accidentelle ou intentionnelle.

J'ai toujours pensé que les recherches inventives de la technoscience avec leur aspect positif – dans tous les sens du terme y compris au sens d'Auguste Comte – participaient à cette quête du bonheur de l'humanité. Seulement, cela ne suffit pas – en tout cas de nos jours – à calmer les angoisses métaphysiques dues précisément à ces transformations déroutantes.

Un nouvel espace juridique

Tout ce que ces technosciences rendent possible – pas seulement en termes de prothèses (Oscar Pistorius équipé de deux jambes en carbone, qui sont d'évidents amplificateurs de performances), mais aussi par l'éventuelle implantation de puces dans le cerveau, qui modifieront le fonctionnement de l'esprit – nous conduit à nous interroger sur l'identité à venir d'un tel « sujet ». Y aura-t-il encore un « Je » qui pense et qui agit. Un « Je » responsable de ses pensées et de ses actes ?

En effet, cela pose de sérieux problèmes aux juristes. Est-ce le droit qui régule le comportement des sociétés ou sont-ce les sociétés qui, dans leur évolution, requièrent la production du droit, à cause ou grâce au développement scientifique ? Elles-mêmes se découvrent de nouveaux sujets qui devront être à leur tour régulés par le droit ? Jusqu'à une date récente, on n'avait pas réfléchi au droit des arsenaux nucléaires et celui de la militarisation des espaces. On essaye de respecter un droit des abysses dans les océans ; on produit un droit « mouvant » pour le génie génétique ; on se débrouille *cahin caha* avec un droit applicable aux réseaux sociaux dernière génération et aux sites internet. La responsabilité est d'ordre philosophique dans sa réflexion, juridique dans ses fondements et politique dans son exécution. On ne dira plus : « Cogito ergo sum : je pense donc je suis », ni même : « Dubito ergo sum : je doute donc je suis », mais : « Ni homme ni machine, à nouveau qui suis-je ? ». C'est pour cela qu'il nous est donné pour notre temps, à nous, membres de la communauté humaine, de vivre un instant particulier, cette singularité tant théorisée qui adviendra très vite. Celle d'un temps où l'intelligence artificielle dépassera celle de l'homme. Je ne suis pas sûr qu'au tournant de l'an mil qui a fait couler beaucoup d'encre et donner lieu à de nombreuses prophéties, l'on ait eu à vivre la même intensité et la même accélération de changements, tant physiques que métaphysiques, dans l'évolution de l'humanité. Les philosophes du droit doivent « phosphorer » pour des configurations inédites.

L'homme est la mesure de toute chose

Il y a aussi les fantasmes liés au transhumanisme. Un courant de pensée très ambigu : d'un côté, dans le prolongement de l'humanisme et des Lumières, est défendue l'idée d'une perfectibilité humaine sans limite a priori. En luttant, par exemple, au nom de l'égalité, contre la loterie génétique. De l'autre, avec le post-humanisme, on nous promet le post-humain, avec l'hybridation de l'homme et de la machine. Avec en perspective, puisqu'il s'agit clairement d'en finir avec l'humain, la création d'une nouvelle espèce.

Oui, la thèse existe et elle a de plus en plus d'adeptes. À mon niveau, je plaide toujours pour le projet humaniste en l'intégrant dans une sociologie de l'espérance comme aurait dit Mohammed Arkoun. Je demeure convaincu d'être dans le même sillage que celui de Protagoras, le sophiste : « L'homme est la mesure de toutes choses, de celles qui sont du fait qu'elles sont et de celles qui ne sont pas du fait qu'elles ne sont pas » ce qui reste une énigme pour la philosophie jusqu'à nos jours. Je m'inscris dans la pensée du Carthaginois Térence, l'esclave affranchi qui consacre la même condition humaine pour tous les hommes : « *Homo sum ; humani nihil a me alienum puto* : Je suis homme et rien de ce qui est humain ne m'est étranger[1] ». Je consone avec Tawhidi lorsqu'il énonce : « Et plus vaste encore que l'univers sont les propos sur l'homme car l'homme est une problématique pour l'homme[2] ». Donc, la sollicitude pour l'être humain et la préoccupation de la personne humaine doivent être au cœur de nos agissements. Vaincre la maladie, alléger la déchéance de la vieillesse, conquérir dès ici-bas le bonheur, sans recourir, ni d'une manière explicite ou implicite à une quelconque transcendance, cela doit être possible. C'est le propre de l'homme d'y espérer et d'y œuvrer. Remembrer les sociétés disloquées dans une vision humaniste, faire advenir un temps de coexistence pacifique, d'entre-aide et de solidarité entre

1. Heautontimoroumenos, v. 77.

2. Le livre des examens et des brèves réponses, dialogue avec Miskawayh, question 68.

les peuples, cela doit être la conception du progrès à laquelle concourent notamment les scientifiques. La responsabilité de ceux qui savent à l'égard de ceux qui ne savent pas, ou pas encore, est entière. Conformément à l'aphorisme du prophète Muhammad : « L'aumône du savoir est sa diffusion », faire connaître et enseigner, alléger la souffrance des êtres dans une équipartition des richesses, respecter son environnement sont les défis majeurs auxquels est confrontée l'humanité. Ce sont des enjeux de civilisation.

En revanche, vouloir se débarrasser du corps comme de la chair et des os et ramener l'humain à une forme de conscience que l'on peut télécharger, que l'on peut flasher, pour entrer en congruence avec une conscience cosmique, nous ferait quitter le dualisme corps âme qui paraît démodé. Et pourtant, ce dualisme a fait l'essence de l'homme avec des nuances depuis les présocratiques en passant par Avicenne entre autres. Ce dernier a enseigné que l'âme détient le principe de sa perfection et de son individuation, mais elle requiert le corps pour les réaliser en acte. Il se résout dans les développements d'une théorie de la connaissance établissant que les données sensibles disposent l'âme à exercer son activité la plus haute. Cela nous renvoie à l'intellect agent d'Averroès qui est supérieur, antérieur et extérieur, car il est immortel.

Loin de moi, toute idée de prendre à la légère ces problématiques, mais je reconnais mon incompétence et ma « religion » là aussi n'est pas faite. Toutefois, s'il devait y avoir un lien entre la conscience et la dignité qu'elle fonde, je ne vois pas comment comprendre la dignité de l'homme dans ces contextes : soit la conscience est parfaitement réductible au cerveau et homogène aux synapses qui permettent à l'influx nerveux de passer, soit la description scientifique du cerveau n'est pas suffisante pour expliquer la manière dont on donne un sens à la vie. Dans un cas comme de l'autre, nous ne sommes pas avancés sur ce qui caractérise un humain. Un handicapé, ou un tétraplégique sont onthologiquement des personnes humaines même si le corps est abîmé. Mais s'il n'y a plus de corps, comment l'homme, en dehors de toute nature humaine, peut-il devenir lui-même, s'inventer en toute liberté ? À moins que l'homme ne soit qu'une idée historique et non pas une espèce naturelle, comme l'affirme Merleau-Ponty.

Sobriété heureuse ou fuite en avant ?

Faudrait-il parler d'un échec du projet humaniste ? Serait-ce le point d'aboutissement catastrophique du projet moderne ? On se souvient de la phrase du Discours de la méthode de Descartes : « Devenons comme maître et possesseur de la nature ». La volonté de domination, désormais sans limite, serait-elle devenue folle ? Le post-humanisme serait-il l'aboutissement logique de l'humanisme ?

Il y a deux approches. Une approche écologique, saine, intelligente en faisant attention à ce que l'écologisme ne tue pas l'écologie. Les grammairiens nous mettent en garde contre le suffixe « -isme » qui étouffe souvent la racine du mot. Nous l'avons vu avec le marxisme et l'œuvre de Marx, l'islamisme et l'islam, le rigorisme et la rigueur, l'autoritarisme et l'autorité, voire la laïcité et le laïcisme. Et donc, l'approche d'un environnement respecté et préservé, de sobriété heureuse selon la formule de Pierre Rabhi. Mais, comme on a toujours plus ultra que soi, certains glissent facilement vers l'interdiction de toute innovation technologique. À cet égard, on change totalement de mode de vie. Mais l'on se rend compte finalement très vite des méfaits de cette position radicale. L'autre approche consiste, à l'opposé, à soutenir qu'il n'y a aucune raison de se retenir, d'être brimé et entravé dans ses recherches. La thèse centrale est de continuer à dominer la nature et de jouir de ce monde en faisant confiance à la technologie. Si la vie n'est plus possible sur terre, il y aura les stations orbitales avec la gravité et l'oxygène nécessaires qui permettront d'y vivre de façon transitoire avant d'aller coloniser d'autres planètes. Et quand bien même il n'y aurait plus de tigres, ni d'éléphants, ni la rose, ce ne serait pas bien grave…

C'est là que nous devrions objecter que les splendeurs de la Création ne sont pas vaines, ne serait-ce qu'au niveau de la beauté – la beauté libre et la beauté adhérente sont nécessaires à la vie. C'est toute l'inclination pour les valeurs esthétiques qui doit caractériser l'homme.

Nous sommes à une sorte de croisée des chemins. D'un côté, nous pouvons faire confiance à la raison humaine, une raison émergente qui allie à la fois les ressources inventives de la technoscience, l'invariant besoin de transcendance et la soif inextinguible de spiritualité pour sortir de ce pétrin dans lequel nous nous débattons. Assistant ainsi à une sorte de rétropédalage dans cette course, nous comprenons que nous avons atteint plus que les limites de l'éventualité d'un auto-anéantissement. Et de l'autre côté, depuis que l'homme a pris conscience de sa finitude, son rêve est de la dépasser ; il n'y a donc aucune raison de freiner le front des connaissances qui s'accélère à une vitesse exponentielle sans pareille. Il n'y a aucune raison d'aller à l'encontre de ce qui est naturel. Il est dans l'ordre naturel des choses que la science, qui est cumulative, ne soit pas brimée à son tour.

Quelle place pour Dieu ?

Le transhumanisme (ou le post-humanisme) promet à l'humanité d'en finir avec la mort. Promesse, à la fois, d'amortalité : avec l'extension illimitée de la durée de vie – il n'y a plus de terme ; et d'immortalité – il n'y a plus de finitude. Autant dire un monde privé de sa dimension religieuse : car, sans la finitude humaine, la religion a-t-elle encore un sens ?

La réponse est assurément non. La religion n'assumera plus les fonctions de réponse aux angoisses face à la mort. Est-ce pour autant la fin du questionnement sur le sens de la vie et celui de l'invariant besoin de transcendance engrammé dans le cœur de l'homme ? Je ne suis pas si sûr. Et que dire du fondement philosophique des valeurs morales ? Sont-elles transcendantes ou immanentes à l'homme ? Comment se fait-il que, lors de ce qu'on nomme l'âge axial dans la maturation de l'humanité, l'on ait eu quasiment le même enseignement chez Zoroastre, chez Lao Tseu et Confucius, chez Bouddha, chez les prophètes bibliques et chez les philosophes présocratiques ? Cet enseignement et la sagesse qui le sous-tend à propos de l'amour, de la solidarité et surtout de la commanderie du bien et de la proscription du mal demeureront. Ils perdureront, probablement en dehors des rites consacrés des traditions religieuses, mais les hommes ne pourront pas s'en passer ni s'en affranchir. D'ailleurs, aucun groupe humain ne peut consolider sa cohésion en dehors de principes ritualisés qui le consacrent.

S'il s'agit du fait religieux proprement dit dans l'univers monothéiste abrahamique, l'âge théologique pourra être dépassé. Cependant, le théologien est, par définition, celui qui essaie de tenir un discours rationnel sur le divin ou de comprendre ce que « dit » Dieu. C'est tout. Votre question sous-entend une autre qui lui est connexe. Quelle place y a-t-il pour l'hypothèse « Dieu » ?

D'aucuns parmi les collapsologues prétendent que, dans le risque de l'anéantissement par le feu thermonucléaire, ce qui pourrait être annihilé ce ne serait que l'enveloppe charnelle et non l'essence de l'homme. Essence qui n'est jamais bien définie d'ailleurs. À ces collapsologues rétorquent d'autres futurologues qui dédramatisent la disparition des hommes de la surface de la Terre! Comme il y a eu une première fois la vie et l'apparition de l'humain, elle peut surgir encore. Quand bien même la vie serait totalement aléatoire et ne viendrait pas d'une volonté d'un artisan premier, le fait d'avoir l'éternité rend la probabilité de la vie sûre. La probabilité tend vers un en fonction du temps qui tend vers l'infini. Aussi, à un moment ou à un autre y aura-t-il réapparition de la vie sous sa forme humaine. Si on donne toutes les lettres de l'alphabet à un singe et on lui laisse un temps infini, il nous écrira l'*Iliade*. Il en est de même pour l'apparition ou la réapparition de l'homme dans un temps infini.

Et d'ailleurs, pourquoi faire si ce n'est semer le chaos, corrompre la Terre et verser le sang, comme l'ont objecté les anges dans un dialogue pathétique avec Dieu rapporté :

> Lorsque Ton Seigneur confia aux anges : « Je vais établir sur la terre un vicaire. Ils dirent : « Vas-Tu y désigner celui qui y mettra le désordre et répandra le sang, quand nous sommes là à Te sanctifier et à Te glorifier ? » Il dit : « En vérité, Je sais ce que vous ne savez pas[1] ! »

1. Coran, sourate 2, la vache, verset 30.

Pourquoi doit-il y avoir nécessairement la vie ? une vie comme succession de passions futiles… la vie comme une mort ajournée… C'est ce qui est bien illustré dans l'œuvre de Shakespeare, *Macbeth*, lorsque celui-ci apprend le présumé suicide de sa femme, Lady Macbeth, il sombre dans un profond désespoir et médite sur le caractère éphémère, fragile et labile de la vie ; un caractère dénué de sens de l'existence :

> La vie n'est qu'un fantôme errant, un pauvre comédien qui se pavane et s'agite durant son heure sur la scène et qu'ensuite on n'entend plus ; c'est une histoire dite par un idiot, pleine de bruit et de fureur, et qui ne signifie rien[1]…

Alors, s'il y a une origine non mécanique à tous les mécanismes que nous connaissons, cela pose *in reductio ad absurdum* la question éminemment théologique de sa perfection. Si le Créateur premier est présent de toute éternité, qu'est-ce qui pourrait l'inciter à créer à un moment donné ? Sent-il un besoin soudain que sa seule ipséité absolue n'arrive pas à satisfaire ? Y a-t-il une quelconque imperfection qu'il faut corriger ou est-ce une lubie ?

Le Coran répond :

> Nous n'avons pas créé le Ciel et la Terre et ce qu'il y a entre les deux, par divertissement.

1. William SHAKESPEARE dans *Macbeth* (acte V, scène V).

> À supposer que nous eussions voulu prendre une distraction, nous l'eussions prise en Nous-même, si vraiment nous avions voulu le faire[1]...

La Création n'est pas vaine. Elle fut advenue au moment où Dieu le jugea bon et il la trouva bonne, nous dit la Bible.

Dieu vivant, artisan premier, démiurge, grand horloger, architecte du monde ou quelle qu'autre appellation qu'on donne à l'Être nécessaire *per se*, est une « exigence » ontologique pour sauver le système, celui de la création *ex nihilo*. C'est le postulat de base. Le reste n'est qu'une construction humaine avec nos approches anthropomorphiques de la première cause des causes efficientes. Et les narrations mythologiques sont à considérer pour ce qu'elles sont : des récits allégoriques et symboliques. Il faut les aborder d'une manière métaphorique et anagogique.

1. Coran, sourate 21, les prophètes, versets 16 et 17.

Table des matières

Composition : Soft Office

Achevé d'imprimer
sur les presses de la Nouvelle Imprimerie Laballery
58500 Clamecy

N° d'impression : 402607
Achevé dimprimer : février 2024
Dépôt légal : février 2024

Imprimé en France